最新社区居民安全防范手册

石志勇　张静　何剑　编著

群众出版社
·北　京·

图书在版编目（CIP）数据

最新社区居民安全防范手册/石志勇，张静，何剑编著.
—北京：群众出版社，2015.1
ISBN 978-7-5014-5299-6

Ⅰ.①最… Ⅱ.①石… ②张… ③何… Ⅲ.①社区安全—中国—手册 Ⅳ.①D669.3—62

中国版本图书馆CIP数据核字（2014）第254110号

最新社区居民安全防范手册
石志勇 张静 何剑 编著

出版发行：群众出版社
地　　址：北京市西城区木樨地南里
邮政编码：100038
经　　销：新华书店
印　　刷：北京兴华昌盛印刷有限公司

版　　次：2015年1月第1版
印　　次：2016年3月第3次
印　　张：5.75
开　　本：880毫米×1230毫米 1/32
字　　数：137千字

书　　号：ISBN 978-7-5014-5299-6
定　　价：20.00元

网　　址：www.cppsup.com.cn　www.porclub.com.cn
电子邮箱：zbs@cppsup.com　zbs@cppsu.edu.cn

营销中心电话：010-83903254
读者服务部电话（门市）：010-83903257
警官读者俱乐部电话（网购、邮购）：010-83903253
公安业务分社电话：010-83905672

内容提要

本书针对当前社会上出现的各种灾害及危害等事（案）件，结合居民在生活中多方面的安全防范问题，从最基本的方法入手，用通俗易懂的语言和鲜活的案例回放，提示和教给居民用什么样的方法应对面前发生的各种不测，防范潜在危机，犹如给广大居民上了一堂生动的关于保护生命财产及安全防范的主题课。

CONTENTS

目 录

一 紧急呼救

报警服务电话

110
（治安）

120
（医疗急救）

119
（火灾）

122
（交通事故）

（一）求助110（治安报警）

【案例回放】2010年8月10日凌晨，北京110报警服务台接到群众举报：海淀区万寿路地铁站附近有人正在偷窃自行车。指挥调度员迅速部署民警赶赴现场。同时，利用视频监控系统查看现场情况，快速锁定一名与报警人反映体貌特征相符的嫌疑男子，并立即向附近巡逻车组通报，仅两分钟，该男子即被抓获。

2010年，全国大部分地区实现了110报警台、火警119报警台、交通事故122报警台“三台合一”，拨打其中任何一个号码均由110报警台集中处理。

发现刑事、治安案（事）件，危及人身和财产安全或者社会治安秩序的群体性事件，自然灾害事故，其他需要公安机关处置的与违法犯罪有关的事件，及时报警是每位公民应尽的义务。

1. 发生或发现斗殴、盗窃、抢劫、强奸、杀人等刑事案件，应立即拨打110报警。若情况危急，无法及时报警，则应在制伏犯罪嫌疑人或脱离险情后，迅速报警。

2. 发生以下情况：溺水，坠楼，自杀，老人、儿童或智障人员、精神病患者走失，陷入危险孤立无援，水、电、气、热等公共设施出现险情，应立即拨打110报警。

重要提示：

★在手机界面上，最好设置一个110的直拨电话，方便老人和孩子在第一时间直接报警。

★移动电话无论在本地或外地，均可在移动电话所在地直接拨打当地110。

★一定要在就近的地方抓紧时间报警，越快越好。投币、磁卡等公用电话均可直接拨打110，且免收电话费。

★拨通110后，当听到中、英文语音提示：“您好，110报警服务台”时，表明您的电话已经接通，有接警员受理您的报警求助。

★报警时要讲清案发的时间、方位、您的姓名及联系方式等。如果对案发地不熟悉，可提供现场附近具有明显标志的建筑、大型场所、公交车站、单位名称等。

★报警后，要保护现场，以便民警到场后提取痕迹物证。

★未成年人如果遇到刑事案件，应当首先保护好自身安全。

（二）求助119（火灾报警）

【案例回放】2010年2月24日中午13时许，在广西壮族自治区北海市上海路与北海大道交界的广厦花园中，一处民房由于潮湿天气，造成电器短路着火，屋内一名12岁男孩潘某及时发现，带着弟弟逃生并立即找人帮忙报警，避免了一起重大火灾的发生。

发现火情及时报警，是每个公民应尽的义务。任何单位、个人都应无偿为报警提供方便。

1. 拨打119时，必须准确报出失火方位。如果不知道失火地点的名称，也应尽可能说清楚周围明显的标志，如建筑物、道路名称、门牌号码等。

2. 尽量讲清楚起火部位、着火物资、火势大小、是否有人员被困等情况。

3. 在消防车到达现场前，应设法扑灭初起火灾，以免火势扩大蔓延。

4. 报警后，应派人在路口等待并引领消防车进入火灾发生点。

重要提示：

★发生火情，及时报警。投币、磁卡等公用电话均可直接拨打 119，且免收电话费。

★如果您参加救援，请注意自身安全。

★119 还负责其他灾害或事故的抢险救援工作，包括：各种危险化学品泄漏事故的救援；水灾、风灾、地震等重大自然灾害的抢险救灾；空难及重大事故的抢险救援；建筑物倒塌事故的抢险救援；恐怖袭击等突发性事件的应急救援；单位或群众遇险求助时的救援救助等。

（三）求助 120（医疗急救报警）

需要急救服务时，可拨打 120 或 110 急救求助电话。有的城市 110、119、120、122 报警服务实现了“四台合一”，但是特别服务号码均予以保留，居民拨打这 4 个号码中的任何一个号码，都会被接入同一个接警平台，即原 110 报警服务台。

1. 拨通电话之后，应说清病人的所在方位、年龄、性别和病情。如果不知道确切的地点，可说明大致的方位，如在哪条大街、哪个方向、哪幢建筑物附近等。

2. 尽可能说明病人典型的发病表现，如胸痛、意识不清、呕血、呕吐不止、呼吸困难等。

3. 尽可能说明病人患病或受伤的时间。如果是意外伤害，要说明伤害的性质，如触电、爆炸、塌方、溺水、火灾、毒、交通事故等，并报告受害人受伤的部位和情况。

4. 尽可能说明您的特殊需要，并了解清楚救护车到达的时间，准备接车。

重要提示：

★一定要在第一时间拨打求助电话。投币、磁卡等公用电话均可直接拨打120，且免收电话费。

★如果了解病人的病史，在呼叫急救服务时应提供给急救人员参考。

（四）求助122（交通事故报警）

发生交通事故或交通纠纷，可以拨打122或110报警电话。

1. 拨打122或110时，必须准确报出事故发生的地点、人员和车辆伤损情况以及与事故的关系（是事故当事人还是目击者）。

2. 双方认为可以自行解决的事故，应把车辆移至不妨碍交通的地点，协商处理；其他事故，如果需要变动现场，必须标明事故现场位置，把车辆移至不妨碍交通的地点，等候交通警察处理。

3. 遇到事故逃逸车辆，应记下肇事车辆的车牌号；如果没有看清肇事车辆车牌号，应记下肇事车辆的车型、颜色等主要特征。

4. 交通事故造成人员伤亡时，应立即拨打120或110急救求助电话，同时不要破坏现场和随意移动伤员。

重要提示：

★遇到交通事故，要及时报警。投币、磁卡等公用电话均可直接拨打122，且免收电话费。

★拨通122后，会听到语音提示：“您好，122报警服务台”。此时表明您的电话已经接通，而且应该继续专心听语音提示的内容进行选择。例如，按“1”，进行交通事故报警；按“2”，进行交通拥堵报警；按“3”，在恶劣气候下，可以查询高速公路的封路信息或查询道路拥堵情况；按“4”，如果您的汽车被拖走，您可以知道汽车被存放在哪个停车场；按“5”，您可以反映对交通标志、标线或其他交通问题的意见和建议；按“6”，投诉交通民警；按“7”，咨询交通管理其他业务，如车辆和驾驶员管理、秩序管理、交通法规培训、事故处理等。也可以不必全部听完录音提示，直接按所需的“1”，有接警员受理您的报警求助。

★不要同时拨打两个号码，以免造成资源浪费。

★在交通警察到达现场之前，应注意保护现场。

二 水电气安全防范

（一）饮用水如何安全使用？

我们每天都要喝水，随着居民收入水平的提高，人们对饮用水质量越来越关注，很多家庭通过使用桶装水和安装净水器等方式提高用水安全。目前，关于此举是否安全有效的问题日渐凸显。当前我国饮用水安全主要存在五个方面的问题：一是水源地日渐污染，很多水源地处于微污染甚至中度污染的边缘；二是自来水加工沿用百年前的技术，难以达到当前水质标准；三是水质标准有待提高；四是一些管道老化致使输水途径发生二次污染；五是一些瓶（桶）装水存在安全问题，且瓶（桶）装水也易造成高能耗和重污染。

有利于人体健康的好水首先应该是无污染、不含病菌和有害化学物质，最好还含有人体所需的天然矿物质和微量元素。人体环境是弱碱性的，健康饮用水的pH值应该是符合人体需求的弱碱性。人在健康状态下的血液pH值为7.35～7.45，如果长期饮用酸性水就会破坏人体内的酸碱平衡，给健康带来危害。饮用水的pH值以接近人体健康血液的pH值为最佳，即呈弱碱性，pH值为7.30左右。因此，消费者在选购水的时候，应看清楚饮用水瓶上标注的pH值范围。

【案例回放】2012年8月，一条微博让市民对桶装水的安全问题产生了忧虑。该微博称浙江海盐县疾控中心的检测发现，桶装水开封后第3天，冷水口出口水样菌落总数合格率为100%，第5天合格率急剧下降至60%，第7天合格率只有20%，第10天全部不合格，此时的桶装水已失去其卫生安全性。检测还发现，开封10天内，热水口的水样菌落总数、大肠菌群、霉菌及酵母菌三项微生物指标均合格。这是因为饮水机热水温度可达85～95℃，而一般细菌繁殖体在80℃水中就迅速死亡。

同时，饮水机消毒后仅半个月，内胆即受到细菌污染，菌落总数合格率从刚消毒好时的100%急剧下降为40%。1个月后，内胆菌落数合格率即为0，霉菌和酵母菌在1个月后的合格率也下降为70%；两个月后，则全部不合格。

重要提示：

★桶装水质量要保障

桶装水尽量选择品牌有水质保证的厂家，价格虽高但有保障，千万不要贪图便宜。品牌桶装水开封后的保质期，不同的品牌负责人有不同的回答，如“没开封保质期为3个月，开封后应在1周左右喝完。”“没开封保质期是60天，开封后建议在1周内喝完。”“未开封的保质期为45天，开封后尽快饮用，在7～10天内饮用应该是安全的。”“桶装水未开封保质期为1个月，开封后的保质期也是1个月。”所以，您的桶装水开封后，最好在1周内喝完是比较安全的。若遇到早出晚归型的家庭，建议购买小桶的桶装水，若偶尔出差超过10天，就把剩余的水换掉，确保安全。

★少喝纯净水，多喝矿泉水

有专家指出，纯净水是经过分离过滤的饮用水。一方面滤掉了水中的有害物质；另一方面也滤掉了对人体有益的矿物质和微量元素。儿童和老人身体中钙的需要量30%来自水，长期喝纯净水的话，这部分钙的来源就没有了。另外，食物中的钙比水中的钙吸收要来得慢、低很多。长期饮用纯净水，不仅不能补充钙、锌等微量元素，体内已有的矿物质反而会被纯净水吸收排出体外。所以，纯净水不宜多喝。

矿泉水喝多喝少因人而异。矿泉水亦称“矿水”，它是指从地下深处涌出或由人工开采出且未受污染的、来自深部循环、具有某些特殊理化性质并因而有益于人体健康、可供饮用或医疗用的地下水。饮用矿泉水以天然含有适量浓度的某种特定成分的矿物盐、微量元素或二氧化碳气体为特征，可供直接饮用，也可用作配制饮料的水基。医疗矿泉水则含有一定浓度的某种特定成分的溶解态矿物质、气体或放射性元素，当水温达到界限温度，则可用于医疗。

因人的身体条件不同，所需微量元素种类和数量也不同，所以矿泉水的微量元素和离子并非对人人都有益。具体来说，老年人机体老化，易缺钙，可选用硬度较高和延缓机体衰老的矿泉水类型，适宜饮用重碳酸钙型矿泉水、重碳酸钙镁型矿泉水、偏硅酸和锶矿泉水及含氡矿泉水等。少年儿童正处于生长发育阶段，易缺钙、锌，可选用硬度高的矿泉水。例如，重碳酸钙型矿泉水、重碳酸钙镁型矿泉水、偏硅酸锶矿泉水、锌矿泉水、碘矿泉水等。孕妇应多饮有助于胎儿发育和母体健康的重碳酸钙镁型矿泉水、偏硅酸锶矿泉水、锌矿泉水、锂矿泉水等。

★购买合格的饮水机

饮水机伪劣产品多，一定要到专卖店或者大型商场购买，千万别贪图便宜，最后得不偿失。

★定期消毒饮水机

定期对饮水机内胆消毒，避免二次污染。从上述案例看，饮水机内胆消毒最好是每月消毒一次，不要超过两个月。

★自动售水机安全隐患

自动售水机在居民小区被广泛使用，它价格低廉，已逐渐受到市民的青睐。然而，让市民担忧的是，自动售水机出来的水是否每次都没有细菌，是否真的安全了？如果自动售水机是街道社区服务中心为大家服务安装的，那他们对售水机公司的监督起着举足轻重的作用，因为机子里的活性炭反复使用之后，如果得不到及时更换，就会成为污染源。

（二）如何防止在洗手间里摔倒?

【案例回放】 家住海南省临高县新盈镇某村的杨阿婆，为了省电，晚上上厕所不开灯，不慎踩进厕坑里，导致右大腿粉碎性骨折。家人连夜把她送到医院，医生为她进行了手术治疗。

重要提示：

★卫生间要明亮

如果如厕不开灯，就很容易摔跤。节约用电是指不浪费电，该用电时不用，才是得不偿失。特别是老年人，视力减弱，四肢不那么灵活，再加上梦中初醒，厕所阴暗、地滑，最容易摔倒。老年人骨质疏松，摔倒后极易发生粉碎性骨折。

★地板要防滑

家庭装修地板不可太滑，最好用防滑砖。有的人没考虑到如厕倒地的危险，喜欢将家里的地板装得光光滑滑的，殊不知这样为中老年人摔跤埋下了隐患。

★厕所或浴室也要有扶手

老年人在家里上厕所、洗澡要利用扶手，以防跌倒；就像走路同样要借助桌椅、墙壁、拐杖、扶手等以防摔跤的道理一样。

★穿鞋要穿防滑鞋

最好穿布鞋，布鞋轻便、有摩擦力。在上厕所或洗澡后穿裤子时，身体要有个依靠，不然的话，只有一条腿站着，如同杂技表演，最容易摔跤，造成骨折。洗澡时穿的拖鞋也最好是防滑底的。

★公共卫生间的安全

外出上公共卫生间时，看见地板很光滑，特别是工作人员刚用水拖过且还是湿漉漉的地板，千万别大意，等地面稍干后再踩踏，尽量避免摔跤受伤。

（三）水灾来了怎么办？

【案例回放】2013 年 12 月 14 日凌晨至 15 日上午，海南省万宁市普降大雨，局部地区出现特大暴雨，引发了严重洪涝灾害。此次洪水殃及万宁市 12 个乡镇，共有 158 个村庄被洪水围困。大量民房和农田损毁严重，给国家和人民带来了巨大损失。

从自然成因来说，洪灾之源通常就是长时间、大面积的暴雨。自古以来，水火无情。水灾每年都会给我国造成严重损失，其中也有人们缺乏必要的防灾自救知识的原因，因此，有必要提高群众应对洪水灾害的处置能力，尽量有效地减少水灾造成的损失。当水灾来临时，要保持镇定的情绪，避免产生不必要的惊恐和混乱，同时寻找逃生的办法。

重要提示：

★加高围堤

当水灾还没来临，农户可修筑或加高围堤。

★登高避难之所

在水灾发生时，居民可以登高避难。例如，基础牢固的屋顶、在大树上筑棚、搭建临时避难台。选择正确安全的避难场所至关重要，避难所一般应选择在距家最近、地势较高、交通较为方便、与外界可保持良好的通信和交通联系处、有上下水设施且卫生条件较好处，还可选择高层建筑的平坦楼顶，如地势较高或有牢固楼房的学校、医院，以及地势高、条件较好的公园等。

★将物品加工成救生设备

在水灾发生时，将衣被等御寒物放至高处保存，搜集木盆、木块等漂浮材料加工成救生设备以备急需。

★保护通信设施，做好应对准备

在水灾高发期应做好各项应对准备，准备好医药、取火等物品，保护好各种尚能使用的通信设施等。

（四）被水困在汽车里怎么办？

【案例回放】2012 年，北京“7·21”暴雨造成的特大自然灾害死亡人数近 200 人，多数是溺水或遇泥石流而亡。在遇难人当中，有 80 岁的老人，也有出生仅 8 个月的婴儿，更有 43 位年龄介于 20～50 岁的青壮年。他们正值青春年华，或正处于事业发展的黄金时期，而突如其来的灾难中断了他们未走完的道路，未来的种种美好化为幻影，生命的陨落令人叹息。特别是幼儿科学启蒙杂志《阿阿熊》杂志社 34 岁的编辑部主任丁某，当他驾驶一辆途胜 SUV 汽车行经北京东二环广渠门桥下时，因暴雨导致立交桥下积水深达 4 米，车子被整体淹没，无法打开车门逃生的丁某，被困车中，不幸遇难。

据介绍，北京市此次受灾面积为 1.6 万平方公里，受灾人口约 190 万人，其中房山区 80 万人。道路桥梁多处受损，主要积水道路 63 处，地下室倒灌 70 处，几百辆汽车被淹，损失严重。

如果您遇到水灾被困车里，面对这样的情况，应该采取何种方式自救？如果车门难以打开，哪种工具是破窗的最佳选择？

重要提示：

★路遇积水，弃车而逃

当您开车看见路面有不少的积水就要警惕了，水上涨有个短短的过程。如果车刚浸水，最好把车停靠马路边，熄火后，车上人员要迅速撤离到安全的地方。

★水淹车门，破窗逃生

如果水淹过车门，此时车门难以打开，您应尽快破窗逃生。当车窗被淹没后，车内人生还的可能性就非常小了。

★砸车窗的选择

您的车里本身自带的维修工具是破车窗的法宝，包括逃生锤、拖车钩、千斤顶上的把手、扳手以及灭火器等。砸车窗也有位置的选择，一般应该砸向车窗的四个角，如果砸在车窗中心，按照力学原理，冲击力是被整个车窗分担的，作用力会降低。如果您想用肢体去破窗，从有关实验来看，基本是徒劳的。也不必花大价钱去购买廉价的“逃生器”，那种用高压弹簧制作的逃生器，不一定能击穿车窗玻璃，毕竟力矩太小、加速度不够。

★车窗膜对逃生的威胁

车窗贴膜对砸窗的效果有一定影响。一般的太阳膜对车窗防碎作用很小，利用正确的工具砸车窗不会有太大问题。但防爆膜对玻璃有保护作用，可以分散外力。另外，贴了防爆膜的玻璃，即使破了也不会马上掉落，而是呈网状碎裂。如果人在水下砸车窗，这是要非常注意的，关键的1～2分钟时间，对生命的威胁最大。

（五）如何防范煤气中毒？

【案例回放】《京郊日报》讯，2010年12月23日凌晨1时30分，北京市昌平区回龙观镇二拨子村的一户村民一家三口因疑似煤气中毒丧命。经鉴定，死者是因擅自违规使用简易炉具在室内做饭烧水，未及时将炉具搬出室外，导致疑似一氧化碳中毒死亡。专家提醒农民，乍暖还寒时，更要重视用煤用气安全。

据统计，2011年10月15日至11月15日，全市累计报告一氧化碳中毒事件38起，中毒56人。在此，北京市卫生局提醒广大市民在冬季采暖时，一定要提高警惕，预防煤气中毒。每年冬天北京都会发生因煤炉取暖使用不当而引起市民煤气中毒事件。记者从北京市卫生局了解到，煤气中毒学名叫“非职业性一氧化碳中毒”。冬季是煤气中毒的高发季节，每年这类事故都时有发生，造成人员伤亡，令人痛心。

“煤气中毒”也叫“一氧化碳中毒”，其定义是：因过量吸入一氧化碳，以头晕、头痛、恶心、呕吐、心慌、无力、烦躁、意识模糊甚至神志不清、血压下降、出现深昏迷、呼吸短浅、四肢冰凉、脉搏细数、二便失禁、生理腱反射消失等为主要表现的中毒类疾病。

冬季，北风凛冽，严寒逼人。有些人往往把窗户紧紧关上，坐在炉前取暖。熊熊的炉火，使人们忘记了有一种看不见的气体正在袭击人体，这种气体就是一氧化碳。一氧化碳来无声息，去也不辞而别，从来不向人们打个招呼，它是一种无色无味的气体。我们在日常生活中也常遇到一氧化碳，煤块上出现浅蓝色的火苗，那就是一氧化碳在燃烧。一氧化碳是在氧气不充足的情况下产生的，是一种可燃性的气体，它的火焰是浅蓝色的，如果您用炉条通几下，空气充足了，蓝色的火焰也就会消失。生煤炉取暖，关上几扇窗户，当然是必要的。但如果把所有的窗户全关上，寒风虽然被挡住了，却给一氧化碳开了方便之门：烧着烧着，房间里的氧气越来越少，一氧化碳就在煤炉里大量地产生了。本来人体各部分所需的氧气，全靠血液中的血红蛋白来运输、供给，一旦吸入过量一氧化碳，它与血红蛋白化合，变成“碳氧血红蛋白”，就不再输送氧气了。于是，人就中毒了。开始中毒时，人感到头晕、恶心，渐渐地会晕迷过去，直至丧失宝贵的生命。一般来说，如果空气中含有0.02%的一氧化碳，就会使人中毒；含有0.1%以上的一氧化碳，可以夺去人的生命。

煤气中毒怎么办？家庭中煤气中毒主要指一氧化碳中毒以及液化石油气、管道煤气、天然气中毒，前者多见于冬季用煤炉取暖，门窗紧闭，排烟不良时，后者常见于液化灶具漏泄或煤气管道漏泄等。煤气中毒的病人最初感觉为头痛、头昏、恶心、呕吐、软弱无力，当人意识到中毒时，常挣扎下床开门、开窗，但一般仅有少数人能打开门，大部分病人迅速发生抽筋、昏迷，两颊、前胸皮肤及口唇呈樱桃红色，如果救治不及时，可很快因呼吸抑制而死亡。

煤气中毒依其吸入空气中所含一氧化碳的浓度、中毒时间的长短，常分为三种类型：

1. 轻型。中毒时间短，血液中碳氧血红蛋白为10%~20%。表现为中毒的早期症状，头痛眩晕、心悸、恶心、呕吐、四肢无力，甚至出现短暂的昏厥，神志尚清醒的人，吸入新鲜空气和脱离中毒环境后，症状迅速消失，一般不留后遗症。

2. 中型。中毒时间稍长，血液中碳氧血红蛋白占30%~40%，在轻型症状的基础上，可出现虚脱或昏迷，皮肤和黏膜呈现煤气中毒特有的樱桃红色。如果抢救及时，可迅速清醒，数天内完全恢复，一般无后遗症状。

3. 重型。发现时间过晚，吸入煤气过多，或在短时间内吸入高浓度的一氧化碳，血液碳氧血红蛋白浓度常在 50% 以上，病人呈现深度昏迷，各种反射消失，大小便失禁，四肢厥冷，血压下降，呼吸急促，会很快死亡。一般昏迷时间越长，愈后越严重，常留有痴呆、记忆力和理解力减退、肢体瘫痪等后遗症。

重要提示：

★防范煤气中毒的诸多细节

使用煤具的家庭，要注意防范煤气中毒的诸多细节。例如，要检查炉具是否完好，发现有破损、锈蚀、漏气等问题，及时修补、更换。冬季取暖要注意安全，保持室内通风。进入室内闻到煤烟味，应迅速打开门窗。老年人反应迟缓，发生煤气中毒不易发现，所以，子女尽量不要让老人单独生活，要勤于照看。

★煤气中毒，开窗通风

发现有人煤气中毒，立即打开门窗，移送病人于通风良好、空气新鲜的地方，注意保暖。查找煤气中毒的原因，排除隐患，立即拨打 110 或 120 求助。

★煤气中毒，人工救援

为中毒人员松解衣扣，保持呼吸道通畅，清除口鼻分泌物，如果发现呼吸骤停，应立即进行口对口人工呼吸，并实施心脏体外按摩。

（六）如何安全使用燃气灶？

【案例回放】2011 年，北京一位市民在家中做饭时，燃气灶突然“发火”，凶猛的火势瞬间蔓延至整个屋子。据事主李先生介绍，中午11时左右回到家里做饭时，燃气公司刚为其安装上的燃气灶突然“起火”。由于火势突然，不曾多想的他便立即往门外跑，同时拨打了报警电话。回想起刚发生的一幕，李先生仍心有余悸。随后，在消防人员的帮助下，大火最终被扑灭。在火灾现场看到地面一片狼藉，墙壁被熏成黑乎乎的一片，窗子上的玻璃也被烤得四分五裂，窗架耷拉在一边。电视机、饮水机、空调、冰箱等屋内的所有电器无一幸免。看着千疮百孔的房屋，李先生一脸的无奈。

随着液化石油气以及天然气的广泛普及，家用燃气灶已成为人们日常生活中不可缺少的产品。但近年来由于燃气灶具起火、爆炸、漏气等质量问题而引发的中毒、伤人事故时有发生，严重威胁消费者身体健康和安全。传统燃气灶在使用一段时间后，由于种种原因，燃气燃烧会变得不充分，火苗将会变成“红火”或者“黄火”，这将产生大量的烟气和废气，是家庭中的一大“隐形杀手”。而多数消费者由于已经习惯了，却还蒙在鼓里。

人们在使用燃气灶烧开水或者煲汤时，由于很少产生油烟，不少消费者就以为不会对厨房空气造成污染，也就不开吸油烟机。殊不知，这种做法是非常错误和有害的。燃气灶在使用时，由于燃气燃烧不充分，产生的废气对人身伤害很大，甚至比炒菜时产生的油烟危害更大。研究表明，无论是燃煤灶还是液化气灶，使用时都会产生一氧化碳、二氧化碳、氮氧化物、可吸入尘粒等空气污染物。室内环境专家曾对厨房空气中的一氧化碳浓度进行检测，发现大部分家庭厨房中的一氧化碳超标，最严重的甚至超标19.5倍。而医学专家认为，在厨房中，吸入过量的一氧化碳会对人的心肺功能造成不利影响，氮氧化物也会导致肺部病变，出现哮喘、气管炎、肺气肿等疾患，甚至导致肺纤维化。

在收集案例中发现，燃气灶起火的现象多，中毒的现象少。在使用燃气灶过程中，其火力小，燃烧产生的废气少，油烟机同时在换气，把有毒气体排出了。但有时在烧水的过程中，由于事主忘记了，水被烧干，火已熄灭，煤气仍然通着，时间一长，中毒是难免的。虽然使用燃气灶煤气中毒的可能性很小，但还是小心谨慎为好，以防万一。

重要提示：

★使用合格燃气灶

到正规商场购买品质好的燃气灶，让合格的电工严格按要求安装，一定记得要商家给您上门做燃气灶烟气检测，安装一个报警器为妥，且注意售后服务及燃气灶的日常保养。

★更换燃气管连接

燃气灶必须用专用燃气管进行连接，为确保使用安全，其使用满一年后应该进行适当更换，避免旧的燃气管由于龟裂或接口松动导致的漏气事故。

★更换燃气灶

如果燃气灶已使用6~8年，建议您更换新的，使用年限过长，燃气灶容易积压气体，在打开燃气灶的时候，由于回火过大，会造成爆炸，引发火灾。而且，燃气灶年久也容易漏气，造成中毒。

★定期检查

使用燃气灶时，应打开窗户或排气扇，使空气流通；燃气软管需定期检查，并每18个月更换一次；避免让食物溢泻，经常清理炉具，以免炉头积聚油污；易燃物品不要放在灶具旁边。

★漏气，切记遇明火

如果发生漏气现象，务必立即停止使用燃气灶，并马上关闭燃气总开关，打开门窗保持室内空气流通，此时切忌产生明火或开启其他电器，避免火星点燃室内残存燃气。

★让余气燃烧尽

最安全的使用方法是在做完饭后先关闭煤气罐上的总阀门，等燃气灶火焰熄灭后再关闭燃气灶点火开关，这样能把进气管内的余气燃烧尽，起到安全第一的作用。

（七）如何安全使用热水器？

【案例回放】2010 年 3 月 5 日，有一位名叫小东（化名）的青年人毕业不久，在桂林市找了一份工作。他通过一家中介公司介绍，租住了秀峰区九岗岭一间出租房，并与房东签订了《房屋租赁协议》，约定租期半年，月租金 450 元，并托人安装了燃气热水器。不料，他由于煤气中毒死于屋内。事后，小东父母发现该出租屋曾进行过改建，房东将一房变两房。他们认为，出租房通风设施太差，卫生间过小，且因改建导致通风窗口无法使用，热水器陈旧，没有安装通风管道，这是导致小东煤气中毒死亡的直接原因。为此，小东父母将房东与房产中介一起告上法庭，要求他们承担赔偿责任。

因电热水器漏电、燃气热水器中毒或爆炸而酿成的惨剧不止这一件，很多惨剧的发生并不是因为产品质量问题，而是由于使用者的使用方法不当或房子通风等问题造成。如何安全使用热水器，避免悲剧的发生？怎样才能洗个安全的澡？这些都是必须引起人们重视的问题。

重要提示：

★燃气热水器的选择

燃气热水器分为强排和直排两种类型，强排有管道连接至室外将废气排出，直排则直接将废气排于室内，前者相对安全些。一定要购买合格的热水器，让合格的电工严格按要求安装，如果是电热水器还要加装漏电保护器，不可贪图便宜省事，留下安全隐患。

★燃气热水器与浴室要分开

浴室通风要好，燃气热水器不能设置在浴室内，一定要分开。如果燃气热水器安装于封闭的浴室内，燃烧不充分容易产生一氧化碳，长时间洗澡，很可能造成缺氧而中毒、窒息。

★排气扇的重要

建议在安装燃气热水器的地方装个排气扇，特别是没有窗户的房间，增加房间空气的流通性。

★电热水器的安全使用

在洗澡的过程中，不要对电热水器进行水温加热操作。如果对家庭电源不够了解，切记，关闭后将插头拔掉。还可以把热水器温度设置高点，先通上电加热，烧好后把电源切断再洗澡，这样比较保险。

★注意泄压阀

燃气热水器、电热水器爆炸的概率比较低，除非泄压阀不工作。平时多注意一下热水器底部进水口附近那个泄压口，看看加热时会不会有水流出。如果有，就说明泄压阀正常工作；如果没有，就得找维修人员看一下，也许需要换个泄压阀了。

★更换热水器

如果热水器使用超过 5 年以上，出现打不着火的情况，建议您赶快更换新的。安全隐患危及生命，不可忽视。

（八）室外如何躲避雷击？

【案例回放】2012 年 7 月 12 日上午 8 时 10 分左右，无锡玉祁礼社村后巷的一对农民夫妻冒雨在地里收割玉米秆，正当 38 岁的杨某冒雨往运输车上堆草料时，一阵电闪雷鸣把他当即击倒，后送到医院不治身亡。杨某的妻子悲痛欲绝，不断念叨着当时的惊险一幕：“我们在砍玉米秆，他正扛着玉米秆装车，打雷时，我看见有烟冒出来，他人就趴在地上了，我喊也喊不应了。”

夏季是雷雨多发季节，雷击危害严重，防雷切勿麻痹！高温和冲击波是雷击最厉害的“杀手”。雷电发生时会有强大的电流通过导体，瞬间产生巨大的热量，温度可达6000～10000℃，有时甚至更高，足以熔化金属，同时容易引发火灾。另外，雷击产生猛烈的冲击波，受其影响，雷电流通道及周围环境类似炸弹爆炸一样，破坏性极大。

重要提示：

★遇雷电时，安全第一

农户到田里劳作，除了要及时关注天气预报，注意观察天气变化外，最重要的是遇到雷电时，要采取正确的方法来保护自己，尤其是不能慌乱地奔跑。要找一个地势相对低洼的地方，然后双脚并拢，双膝并拢，手放在膝盖上然后蹲下来，身体前倾，减少人跟大地接触的面积。披上雨披也能起到一定的防护作用。如果有金属器具，尽量不要拿在手里。

★寻求避雷场所

要有安全意识，雷雨天尽可能中止室外活动。可就近寻求避雷场所，如山洞、成片的房屋等地方。但不宜进入棚屋、岗亭等无防雷设施的低矮建筑物。

★注意地形地貌，尽可能地远离山顶、水面或水路交界处

在我国南方水乡，人们在水面及水路交界处活动频繁，因而雷击伤亡情况也特别严重。每年的多雷雨时节（4～9月），也是旅游的黄金时段，旅游者遇到雷雨天气时，一定要注意远离山顶或其他制高点。如果在森林中，注意选择周围是树木、中间是空地的地方避雷。进入山洞一般比较安全，但不要靠在山洞边上。

★保持良好的行走状态，尽可能消除安全隐患

不要撑金属伞柄的雨伞在雨中行走，不要接触铁轨、电线。不能在雷雨中跑动，也不宜骑自行车，更不能骑摩托车。不要抱着侥幸心理，以为摩托车速度快，冲一冲便可避过雨淋了，其实，摩托车再快也不可能快过雷电。同时，在居民区行走和避雨时，要尽可能远离建筑物外露的水管、煤气管等金属物体及电力设备。

★遇雷击时，一定要考虑采取紧急措施

雷电交加，头、颈、手处如有蚂蚁爬感，头发竖起，说明将发生雷击，应赶紧趴在地上，这样可以减少遭雷击的危险，并扔掉身上佩戴的金属饰品，如发卡、项链等（危险过后，再去找回)。如果看见闪电几秒内就听见雷声，说明自己已处于近雷暴的危险地带，此时应停止行走，两脚并拢并立刻蹲下，不要与人拉在一起，最好使用塑料雨具。还有一种较为常见的危险情况，就是高压线遭雷击后断裂拖地，此时该地面存在跨步电压，身处附近的人此时千万不要跑动，而应两脚并拢，跳着离开现场。

★遇雷击，人工救援

如果有人遭遇雷击，应尽快对其进行口对口的人工呼吸和心脏按压，并迅速拨打120寻求医护人员救护。

三 火灾安全防范

（一）家居发生火灾怎么办？

1. 油锅起火的处理方法。

【案例回放】：2013 年 6 月 28 日 14 时左右，天津市河北区义江里居民刘某正在厨房做午饭，在热锅里放过油后突感内急，匆忙如厕，竟然忘记了打开的炉火。当他回到满是浓烟的厨房后，发现油锅已经起火，灶台上方的抽油烟机也被引燃了，火苗一直烧到房顶，随后厨房的窗户、碗柜也都烧着了。见此场景，刘某惊慌失措，他竟然用脸盆接自来水往燃气灶和油锅上泼，导致油锅中带着火苗的油在厨房内四处飞溅，不但烧伤了刘某，而且引燃了厨房内的其他物品，瞬间整个厨房到处是火。

重要提示：

★盖上锅盖

在炒菜时，油锅烧的时间过长，容易着火。如果着火了，不要束手无策，应先关掉燃气开关，再迅速盖上锅盖灭火，及时控制火势。如果没有锅盖，可将切好的蔬菜倒入锅内灭火。

★切忌用水浇

当油锅着火时，千万不能用水浇，以防燃着的油外溅引燃厨房中的其他可燃物，更不能把油锅弄翻，以防小火苗酿成大火灾。

2. 电器起火的处理方法。

【案例回放】2014 年 10 月 12 日晚上 20 时左右，青海省西宁市中华巷的支先生感觉屋内寒冷，因此拿出电暖器放在儿子的房间，开启电源后便陪爱人散步去了。可是没走多远，他就接到儿子的电话说“电暖器冒烟了”，支先生马上赶回家里。当他到家的时候发现电暖器还在冒烟，并不时发出啪啪的响声，整个房间都是电线烧焦的气味和浓烟，他立刻拉下家里的电路总闸，避免了一场更大的灾难。

重要提示：

★切断电源，控制火势

当电器起火时，先切断电源，再用湿棉被、湿浴巾、湿衣物等将火压灭，或用水喷洒到燃烧物上或火源附近的可燃物上。使用家用小型灭火器能更好地阻止火势蔓延。将距离火源最近的可燃物移走，使火焰缺乏可燃物而熄灭。

★勿靠近，防爆炸

当电视机起火时，第一时间切断电源，不要从正面靠近电视机，要从侧面去扑火，而且不要靠得太近，防止显像管爆炸伤人。

3. 当火灾发生时，在家中自救的方法。

【案例回放】2010 年 5 月 11 日清晨 7 时左右，山东省济南市济安街的一位居民张某在厨房用煤气做饭，因家中煤气管老化发生泄漏，导致爆燃，进而引发大火。因其房间里堆放着大量的塑料瓶、木料等易燃物，大火很快在整个房间里蔓延开来。情急之下，张某从窗户爬出来跳楼逃生，幸好他住在二层才没有再次发生意外。消防队出动了五辆消防车，历时一个多小时才将这场大火扑灭。

重要提示：

★及时报警

火灾报警电话是 119，报警的要求见第一章“紧急呼救”。

★小火及时扑灭，速撤离

如果火势开始不大，应该迅速采取措施，尽快扑灭初起之火，并设法阻止火势的发展，以利于自救。如果看不到火源，有烟雾时，用湿毛巾捂住鼻子，迅速离开房间往楼梯方向跑，而不是电梯方向。

★湿布堵塞门缝，等救援

当通道被火封住，欲逃无路时，可关紧迎火门窗，用湿布堵塞门缝，用水淋透房间，防止烟火侵入，靠近窗户和阳台呼救，等待救援。

★大声呼救，响声连天

当发现火势较大，被火焰包围时，应该立即趴在地面大声呼救，或边呼救边猛敲击暖气管、自来水管、脸盆等，以示险情。这样的声音会传得很远。千万不要直立行走，必要时应匍匐前进。

★自制救生绳

当发现火势较大，被火焰包围，无法冲出去时，如果楼层不高，可将被单、窗帘或绳物结成绳索（需要打结的技术），系牢后，抓住绳索从窗户外往下滑，千万不要盲目跳楼。有安全意识的家庭，在家备有救生绳是最好的。

（二）公共场所发生火灾怎么办？

1. 身上着火的处理方法。

【案例回放】2011 年农历大年初一，在辽宁省辽阳市的一个村庄里，一位父亲带着儿子到门外放鞭炮。由于在燃放时没有注意周围环境，不小心把外面停放的一辆报废汽车的油箱点着了，油箱里还有不少汽油，结果孩子的衣服也被点着了。情急之下，这位父亲抱着衣服着火的儿子冲回家，大头朝下扔进了水缸。这一下可糟了，衣服上的汽油漂在水面上仍然继续燃烧着，导致孩子的脸和头发被严重烧伤。

重要提示：

★火已及身，切勿惊跑

如果火已上身，不要边跑边拍打，这样火趁风势会更旺。要脱掉外衣，或及时跳进水中，或让人往身上浇水，这些都是逃生救生的好方法，使用灭火器喷射也是不错的方法。

★滚动

快速抱头在地上滚动，直至火熄灭。注意不要滚落到旁边有可能损伤自己的地方。

★裹严

可以用地毯、毛毯等东西将自己裹住，裹得越严越好。

★拨打 120

拨打急救中心电话，立即将伤者送往医院。

2. 汽车起火处理的方法。

【案例回放】2012 年 8 月 26 日，陕西省延安境内一辆双层卧铺客车与一辆运送甲醇的重型罐车发生追尾碰撞，36 名乘客在事故中遇难。据媒体报道，追尾后罐车泄漏的易燃物遇火造成客车剧烈燃烧，是导致大多数乘客死亡的重要原因。

重要提示：

★熟悉环境，暗记出口

在陌生的环境里，入住酒店、商场购物、进入娱乐场所时，为了自身安全，要留心疏散通道、安全出口或楼梯等，以便需要时尽快逃离现场。

★使用灭火器

汽车发动机起火初始，迅速靠边停车，切断电源，用随车灭火器对准火的根部灭火。关键时刻您要会使用灭火器。

车厢货物起火初始，立即将汽车驶离重点要害地区或人员集中场所，并迅速报警。同时，用随车灭火器灭火。提醒周围群众远离现场，以免发生爆炸。

★远离加油站

在汽车加油过程中起火初始，立即停止加油，疏散人员，用灭火器及衣服等将油箱上的火焰扑灭，并迅速远离加油站，地面如果有流洒的燃料着火，立即用灭火器或沙土将其扑灭。

★先救人，再灭火

汽车被撞后起火时，先设法救人，再进行灭火。如果没有人员伤亡，最好是“走为上策”，保证自身安全是第一要务，离开起火车辆并迅速报警。

★公共汽车起火，诸多方法救火

如果在公共汽车或大客车上发现火情时，司乘人员应立即组织疏散。如果是发动机起火，驾驶人员应当开启所有车门让乘客下车后，再组织灭火。如果车门开启不了，应组织乘客从就近的窗户下车。火势封门，人多疏散不畅，从车门下车时，应用衣物裹住头。另外，也可用逃生锤（安全锤）、灭火器等工具对准车窗四角猛烈敲击，将玻璃打碎。乘客在跳窗逃生时，注意滑落的玻璃，避免划伤四肢。

3. 酒吧或网吧起火逃生的方法。

【案例回放】2002年6月16日凌晨，当北京“蓝极速”网吧的窗口蹿出火舌时，张某正在隔壁的“晓蕾”网吧等她一起玩的两个“弟弟”。几分钟前，他们在OICQ上说：“姐，我们去烧网吧了，等我们吧。”张某回了一句：“小心点。”两个十三四岁的男孩，带着张某给的5块钱买的一升多汽油，点燃了“蓝极速”网吧门口的红地毯。结果，大火吞噬了25条年轻生命，12人受伤，燃烧面积95平方米，烧毁电脑42台。

尽管这起火灾的直接原因是人为放火，但其中也暴露了网吧的管理问题和网民的逃生问题。

重要提示：

★熟悉网吧的基本情况

进入网吧，首先，应仔细观察了解安全门的位置和数量。如果网吧附设在其他建筑物内，还应了解其安全出口与建筑物的什么位置、什么形式的疏散通道相通；其次，应了解自己所处的楼层、在本层的位置、与疏散楼梯的距离；最后，了解周围有无灭火器材和防烟、防毒器材等。

★其他有效的逃生方法

利用网吧本身的疏散设施逃生，如疏散楼梯、室外疏散楼梯、专用救生滑梯、安全出口等；利用所附设建筑物内的疏散设施逃生，如高层建筑物的室内疏散楼梯、防烟楼梯、消防电梯、靠外墙的疏散楼梯等；利用自救绳逃生；利用自然条件逃生，如阳台、窗台、落水管等；利用避难层逃生。

可以借鉴“当火灾发生时，在家中自救的方法”和“高楼大厦发生火灾怎么办?”中的一些逃生方法或措施。

★被困人员逃生后，不要重返火场

（三）高楼大厦发生火灾怎么办?

【案例回放】2010年11月15日14时，在上海市静安区胶州路28层居民住宅楼发生特大火灾事故中，许多人因慌不择路从高楼跳下，导致伤亡惨重。据附近居民介绍，公寓内住着不少退休教师，起火点位于11层，整栋楼都被大火包围着，楼内还有不少居民没有撤离。截至11月19日10时，大火已导致58人遇难，另有70余人正在接受治疗。

我们每个人都应懂得一些基本的防火知识，学会遇到火灾时如何逃生。当高层楼房下层起火且火势凶猛无法扑灭时，应该采取有效的逃生措施。

重要提示：

★及时报警

发现火灾，第一时间先要报警，再去扑救，可利用各楼层的消防器材扑灭初起火源。

★固守待援

假如用手触摸房门已感到烫手，此时一旦开门，火焰与浓烟势必迎面扑来。如果逃生通道被切断且短时间内无人救援。这时候，可采取自建避难场所、固守待援的办法：首先应关紧迎火的门窗，打开背火的门窗；用湿毛巾、湿布塞堵门缝或用水浸湿棉被蒙上门窗，然后不停地用水淋透房间，防止烟火渗入；固守在房内，直到救援人员到达。

★勿盲目跳楼

逃生时，不要使用电梯，更不要盲目跳楼。从高层楼房上跳下会造成严重摔伤甚至死亡。楼层不高的，可用绳子或将床单、窗帘等撕成条状连接起来，注意绳结的牢固性，然后紧拴在门窗框上，顺势滑下。也可利用竹竿、室外的落水管等逃生。还可利用木板、床板等搭在邻居家的阳台上，爬过去逃生。

当某一楼层某一部位起火，且火势已经开始发展时，应注意听广播通知，广播会告诉着火的楼层，以及安全疏散的路线、方法等。不要一听有火警就惊慌失措地盲目行动。

★卧室自救方法

如果是晚上听到报警，首先应该用手背去接触房门，试一试房门是否已变热，如果是热的，门就不能打开，否则烟和火就会冲进卧室；如果房门不热，火势可能还不大，通过正常的途径逃离房间是可能的。离开房间以后，一定要随手关好身后的门，以防火势蔓延。如果在楼梯间或过道上遇见浓烟要马上停下来，千万不要试图从烟火里冲出，也不要躲藏到顶楼，应选择别人容易发现的地方，向消防队员求救。

★保持疏散通道畅通

如果是楼房中的某一单元着火，楼层的大火已将楼梯口封住，致使着火层以上楼层的人员无法从楼梯间往地面疏散，被困人员可先疏散到楼顶，再从相邻的未着火的楼梯间往地面疏散。在被困人员逃生过程中，要竭力保持疏散通道畅通，防止出现拥堵、聚堵现象，最大限度地减少人员伤亡。

★发出求救信号

应尽量待在阳台、窗口等易于被人发现和能避免烟火近身的地方。如果是白天，可以向窗外晃动鲜艳衣物，或外抛轻型晃眼的东西；如果是晚上，可以用手电筒不停地在窗口闪动或者敲击东西，及时发出有效的求救信号，引起救援者的注意。

★楼层低，考虑跳窗逃离

如果处于楼层较低（三层以下）的被困位置，当危及生命又无其他方法自救时，可将室内席梦思、被子、气垫沙发等软物抛到楼底，人从窗口跳至软物上逃生。

四　恐怖袭击安全防范

（一）遇见爆炸恐怖袭击怎么办？

【案例回放】2013 年 12 月 29 日，俄罗斯南部城市伏尔加格勒遭遇火车站自杀式爆炸恐怖袭击，造成 17 人死亡。30 日，该城市再次发生爆炸事件，一辆无轨电车爆炸，造成 10 人死亡。该州侦查委员会认为，此次发生在伏尔加格勒的无轨电车爆炸是一起恐怖袭击事件。

恐怖袭击事件主要由三个要素构成：一是针对无辜民众进行的暴力活动；二是从事这种暴力活动没有固定的形式；三是具有一定的政治目的。在遇见突发事件时，您该怎么办？

重要提示：

★会识别恐怖袭击嫌疑人

他们会有一些不寻常的行为。例如，神情恐慌、言行异常，着装、携带物品与其身份不符或与季节不协调（如冬天戴墨镜者），或者冒充熟人，假献殷勤，或者在检查中催促检查、态度蛮横、不愿意接受检查，或者频繁出入大型活动场所，或者反复出现在警戒区，或者疑似公安部门通报的犯罪嫌疑人。

★避免去大型活动或标志性建筑物场所

非常时期不要轻易参加或举办大型活动，如大型运动会、晚会、展览会等。尽量避免去有标志性建筑物的场所或附近。

★避免去人员聚集的场所

尽量避免去人口相对聚集的场所，如学校、幼儿园、电影院、剧场、车站、码头、超市、洗浴中心、歌舞厅等。

★远离提包的陌生人或可疑交通工具

尽量远离手中拿行李、包裹、食品、手提包等的陌生人；发现可疑物品不要触动，迅速撤离；发现可疑交通工具，尽量远离，及时报警。

★发生爆炸，迅速撤离

如果发生爆炸，您需要迅速、有序地离开爆炸现场，不要因恐慌而拥挤，避免踩踏造成伤亡。如果在场馆内发生爆炸，应按照场内的安全疏散指示和标记迅速撤离。

★实施自救或呼救

★注意观察现场可疑人、可疑物，协助警方调查

（二）遇见枪击、刀砍恐怖袭击怎么办？

【案例回放】2014年3月1日晚9时20分，10余名统一着装的暴徒蒙面持刀在云南省昆明火车站广场、售票厅等处砍杀无辜群众，截至3月2日凌晨1时，暴力恐怖袭击造成28名群众遇难、113名群众受伤。公安民警当场击毙5名暴徒，其余暴徒几日后全部抓获。

云南省政法委认为，这是一起有组织、有计划的严重暴力恐怖袭击事件，性质极其恶劣。坏人做坏事，防不胜防，在遇见枪击、刀砍的恐怖袭击时，您该怎么办？

重要提示：

★要做三件事情

当枪击、刀砍的恐怖袭击发生时，不管在任何地方，要做三件事情，对生存至关重要。

1. 逃跑。这是最重要的。如果能逃脱，就马上逃，反应越快越好，要不断尝试逃跑或撤离，同时鼓励他人一起逃，努力脱离险境。

2. 隐藏。如果您无法安全逃脱，尽快找个隐蔽的地方藏身。没有隐蔽的房间或其他场所，试着选择大型物体后躲避，手机调到震动模式，争取逃生时间和机会。

3. 搏斗。当逃脱和隐藏都无法实现，而且面临生命危险时，只能与对方搏斗。利用身边任何器物防身，使出浑身解数拖延时间等待援助或击败恐怖分子。

（三）遇见劫持恐怖袭击怎么办?

【案例回放】2012 年 6 月 29 日，新疆和田发生一起以劫机为手段的极其严重的暴力恐怖袭击事件。当天上午，从和田飞往乌鲁木齐的天津航空 GS7554 航班起飞不久，机上 6 名暴徒突然暴力冲击驾驶舱，持械袭击乘客，图谋劫持飞机，制造暴力恐怖袭击事件，后被机组人员以及乘客迅速制伏。

在遇见劫持恐怖袭击时，您该怎么办?

重要提示：

★冷静

应该保持冷静，不反抗、不对视、不对话，动作要缓慢。

★隐藏

尽可能保留和隐藏自己的通信工具。

★观察

注意观察恐怖分子人数、头领。

★趴下

在警方对恐怖分子发起突击的瞬间，尽可能趴在地上。

★搏斗

有可能的话，与周围人团结起来，共同与恐怖分子搏斗，利用身边任何器物防身，使出浑身解数击败恐怖分子。

五　盗抢安全防范

（一）遇见用镊子偷窃怎么办？

【案例回放】“‘小熊’！‘小熊’！一名小偷偷窃得手，正向你方向逃窜，抓住他！”“小熊”接到求援后，从长安派出所旁边杀出，迎面拦住小偷的去路，与几位反扒队员一起将这名小偷擒住，之后把该小偷交给警方处理。

在长安派出所大门口，一名小偷进入了反扒队员的视线，该小偷在街上用镊子作案，只要发现女孩子口袋有值钱的东西就往上靠，只见他跟随一名女子，用镊子夹出她口袋里的钱包后，立刻逃窜。反扒队员迅速上前拦住该小偷的逃路，并将其制伏。

使用镊子夹偷窃一般发生在闹市区的人群密集地带，特别是人流量大的菜市场、火车站、汽车站附近或者是商业繁华地带，盗贼会趁您赶路或者购物注意力分散之际，从身后尾随，悄悄接近，以报纸或其他物品遮挡，用镊子从您的口袋或包里将财物夹出，得手后迅速逃离。为了应对此类偷盗行为，我们应有防范意识。

重要提示：

★随身物品要在视线范围内

行走时，提高警惕，尽量把手提包或行李置于自己视线范围内，至少保证眼睛余光可以看到，这样便可以避免尾随的盗贼得手。

★贵重财物放在贴身衣袋

不要在手提包里放置太多的钱和较贵重的物品，如果身上必须带有现金等财物，要放在贴身的衣服口袋里，而且不要轻易显露。大面额的钞票和零钞要分别存放，以避免使用零票时

“全额曝光”。露财者往往是扒手首选的对象。

★无故碰撞

如果您在马路上被无缘无故碰一下，那就要注意了，检查自己是否丢失了财物。

★贵重物品拿手中

避免靠近人群密集地带，必须将贵重物品（如手机等）抓在手中或者挂在胸前。

（二）遇见用刀片偷窃怎么办？

【案例回放】在石家庄市31路公交车上，四名老扒手拿着刀片正在实施扒窃，被便衣民警抓了现行。当日，民警在人员比较密集的31路公交车上发现了形迹可疑的四名男子。这四名男子向一位60多岁的老大爷靠去。只见其中一名男子从口袋中拿出一个刀片，另外三名男子打掩护。不一会儿，老大爷口袋中的钱包已到了小偷的手中。这一切都被便衣民警看在眼里。民警迅速出击，将四名扒手当场抓获。经审讯得知，四名扒手非石家庄市人，但在石家庄市居住多年，以扒窃为生，在此之前都曾被抓获过。

刀片盗窃即作案工具为刀片，一般这类小偷喜欢在食指和中指中间夹个很锋利的刀片，趁人不备的时候，割开他人的口袋或者提包，将财物偷走。

重要提示：

★使用银行卡

身上不要带大额的钱财，使用银行卡比较方便和安全。

★口袋不放钱财

不要把现金放在衬衫上衣口袋或裤子臀部上的口袋，时刻对自己的财物保持警惕，留意您身边的人。实在要放，身上的现金可以分开存放，每个口袋放一点，以免损失过大。

★心里不必紧张

不要因为担心自己的财物，总是看看或摸摸自己放钱的口袋，这样反而会引起窃贼的注意。

★避免去人多的场所

不要凑热闹，不要围观，人多的地方少去。

（三）遇见“黑手”怎么办？

【案例回放】某日上午8时左右，李女士锻炼完身体，提着购物袋到附近的菜市场买菜。当她正在与海鲜摊主讨价还价时，突然旁边一位老太太说：“您还买呢，钱包被人偷了。”她赶紧翻看购物袋，里面的钱包果然没了。

“钱包里有一张2000元的购物卡，150多元现金，以及一张积分卡。我当时就蒙了，只听见旁边有人说那个穿白上衣的男子就是小偷，正看您呢，可是菜市场人太多了，我根本就不知道哪个是小偷。”李女士说，事后，她问附近一些摊贩，摊贩表示看到小偷一直跟着她，手伸进她的包包，但都不敢吭声。其他一些买菜的居民也说自己曾经在这个菜市场被偷过好几次。

春节或节日临近，菜市场、商场等市民购物重点场所，极易成为小偷找“过年钱”或“过节钱”的地方。小偷不仅偷钱、手机、相机等，只要值钱的财物都不会放过，也经常使用镊子、刀片等工具偷窃。不要总想把抓小偷的事寄托在民警或市场保安的身上，要注重自身的防范。

重要提示：

★钱包拿手中

买菜时一定不要带太多现金，钱包最好拿在手里。

★包挎身前

在人员嘈杂、拥挤的环境里，不管是斜挎包还是双肩背包，都不能背在身后，除非包里没有贵重物品。建议您最好养成包挎身前的好习惯，防患于未然。

★及时报警

如果发现被盗，请尽快拨打110报案，简明、准确地向公安机关说明时间、地点、当事人以及案情等。

（四）遇见入室盗窃怎么办？

【案例回放】某日凌晨1时许，济南市公安局北园路派出所民警在辖区治安巡逻时，当场抓获一名攀爬五楼居民阳台的入室盗窃者。经审查，此人系安徽省阜阳人，两个多月来，在北京、济南等地连续作案多起。下午5时，北园路派出所、市公安局治安处的民警对这名犯罪嫌疑人进行了讯问。

问："你为什么偷这家人？"

答："他（这家主人）看起来很有钱，因为他经常出入附近的酒店。"

问："你是怎样踩点观察的？"

答："我白天收破烂，趁机看一下，看明白了再下手。"

问："你为什么偏偏偷五楼的？"

答："楼层高，比较安全。"

常言道："不怕贼偷，就怕贼惦记！"长期以来，公安机关的打击重点对象之一就是入室盗窃。入室盗窃夜晚发生频率最高。无论白天或者夜晚，只要不法分子选定加害对象，并经过蹲点、勘查和准备后，极易得手并实施。据公安机关破案后的统计数字表明，犯罪分子入室盗窃之所以能够得逞，在很大程度上与失主防范意识较差有关，甚至有的盗贼看见受害者是单身女性，盗贼不但没有逃走，反而威胁受害者，迫使受害者将现金、首饰、手机、笔记本电脑等交给盗贼。

重要提示：

★安装正规防盗门

建议安装正规防盗门，最好是双锁防盗门，但仍有可能被技术开锁和钥匙投锁等方式强制开锁。夜间休息或外出时，门锁最好处在反锁状态。如果您家的门是木门，家里最好不要断人或外面加装双保险的铁栏（钢栏）防盗门。

★最好安装防盗窗

三楼以下或顶层住户的阳台、卫生间等的窗户最好安装正规厂家的防盗窗、防盗玻璃或防爬刺，安装防盗钢管时，管内最好安装直径20mm以上的铁棒。特别要注意防盗窗在室内能够随时打开，以便需要时使用。

★安装防盗报警器

有条件的住户最好安装防盗报警器，特别是能够智能报警的报警器。

★小狗吓贼

家里养狗有时也能起到防盗效果。

★不开门

不能随便给陌生人开门，可以从猫眼、防盗门的小窗看清来人。

★家备小棒，利器隐藏

在家休息时，可以在门背后或窗户等入口处竖立1根1m多长的小棒，棒顶上放置一个小不锈钢茶盖，只要门一开它就会自动掉于地面发出响声。家中的利器（如菜刀等）不要放在明处。

★及时报案，物品勿动

家里一旦发现被盗，首先打110向公安机关报案，同时要协助公安民警保护好现场，不要在家中随便走动或触摸已经被犯罪嫌疑人动过的物品。

★唱“空城计”

如果您出门时间不长，白天放双鞋在门口，晚上可以采用开灯、放音乐等方法唱“空城计”，这也有不错的效果。

（五）遇见街面抢劫怎么办?

【案例回放】2012年6—7月，松滋市新江口城区连续发生多起抢劫、抢夺案件。2012年7月，松滋市公安局新江口派出所组成专班，对这类案件进行侦查。经过大量调查，在老城派出所的大力配合下，办案民警锁定了杨某、段某两名犯罪嫌疑人。就在7月27日下午4点多钟，新江口镇环城路又发生一起飞车抢劫未遂案件，一名妇女被拉倒在地，头部受伤，新江口水陆派出所决定对犯罪嫌疑人迅速实施抓捕。

在抓捕中，民警现场缴获数个女包，以及三星、诺基亚、步步高等品牌手机8部，数个银质耳环、项链等。经审讯，两名犯罪嫌疑人交代了先后在松滋市二环路环球酒店、交警大队附近、南湖大酒店附近、林园路等地抢劫11起的犯罪事实，现金、物品总价值1万多元。

进入夏季，晚上出行的市民增多，随身财物容易暴露，而且成为犯罪分子下手的目标。近期，周边城市还发生过抢劫金店和宾馆、抢夺银行取款人员等案件。目前发生的抢夺案件主要有两类：一类是徒步尾随抢夺，主要发生在车站、超市等人多繁杂地区；另一类是驾驶摩托车等机动车抢夺，主要发生在城郊结合部，城区也偶有接报，主要抢夺拎包及佩戴首饰的行人，尤其是女士、小孩，时间主要集中在18~21时。

重要提示：

★不独自走夜路

女性尽量不要走夜路，即使要走，也要走在人多有照明的地方。不要一个人走人少僻静、地形复杂或者治安状况差的路段。在路边行走时不要离机动车道太近，更不要走机动车道，过马路时要走人行横道。

★最好不要拿包

提包要尽可能放在身前。背包不要挂在靠马路一侧的肩上。手机不要挂在胸前，打电话时更要提高警惕。

★远离机动车车道

在人行道中间行走，远离路边容易藏身的树丛和易发生飞车抢劫的机动车车道。

★注意避让摩托车

在偏僻路段单独行走时，听到后面有靠近的车声时，要提高警惕，注意避让尾随跟踪或企图接近的摩托车，因为飞车贼最喜欢在马路边和小巷子里下手。如果发现附近有戴头盔或骑无牌摩托车的人，应该提高警惕；如果有摩托车在身旁兜圈，很可能是歹徒在寻找下手的有利角度，要设法避开，若发现已被盯梢，应向人多或车子难行的地方走。

★不要随便打手机

在街上不要随便打手机，如果要打，切记要“左顾右盼”，看看身边有无可疑人物，提防身边两人共乘的小型摩托车。

★贵重物品不放车上

骑行摩托车或自行车时，不要把贵重物品放在车上。如果乘坐摩托车后座，最好骑坐，不要侧坐。贵重物品不外露。现金和贵重物品要隐蔽起来。

★转大弯

骑行摩托车或自行车要转弯的时候，要转大弯，不要转小弯，因为转弯处是经常发生抢劫的地方之一。

★及时报警，牢记特征

当遭到“飞车”抢夺时，一定要立即拨打110电话报警。不要手足无措，尽量记住飞车贼的特征，最好能把摩托车的车型、车号和颜色，以及逃跑的路线和方向记录下来。

（六）遇见入室抢劫怎么办？

【案例回放】2012年7月的一天晚上，廖某随身携带折叠刀在街上寻找对象企图实施抢劫。凌晨1时许，廖某趁夜深人静之机，翻窗进入王某的出租房屋内，王某惊醒呼救。廖某捂住王某的嘴，用刀抵住王某的脖子称要钱不要命，逼问钱放在哪里。王某说没钱，廖某遂将王某双手反绑、堵嘴、蒙头，王某仍称无钱。廖某遂称无钱就搞人，对王某实施了强奸，随后拍摄了裸照，威胁不准报案，否则将照片发到网上。还要求王某帮其再找个女的，准备灌醉后向她家里要钱，称其三天后再来找王某。

三天后，廖某采取同样的方式进入张某租住的房间，持刀对张某实施了抢劫及强奸，拍摄了裸照，并威胁不得报警，否则将照片发到网上。后廖某携带抢得的现金及三星手机逃离现场。次日晚上，廖某用抢来的张某的手机联系王某要求见面，被警方当场抓获。

大家千万不要认为在家中待着就能保证安全了，尤其是独自生活的中老年人和女性朋友，危险来临时也许您还不知道。

犯罪分子在实施犯罪前是需要寻找目标的，俗称“踩点”。多数是白天踩点，深夜进行犯罪活动。什么样的人更容易被犯罪分子圈定为犯罪目标呢？据报告，富有的成功人士居住的区域或外地务工人员居住的出租房，是犯罪分子最为关注的目标；老年人或者是独居的女性，容易成为抢劫的目标。

天有不测风云，人有旦夕祸福。如果您遇到抢劫的时候该怎么办呢？有些犯罪分子在抢不到钱财的时候，受害人的强烈反抗会引起他的极端行为。可想而知，处于这样危险的状况中，人们的自我保护意识尤为重要。所以，要注意家中的安全防护，不要给犯罪分子制造任何的机会。

重要提示：

★不随便开门

提高防范意识，对上门的陌生人要严加盘问，不要随便开门。发现可疑对象，就设法报警或扭送派出所。

★不随便往家里带人

对不明底细的人，不能随便往家里带。自己的住处、具体工作单位、电话号码等信息不要随便告诉陌生人。同时，“远亲不如近邻”，不要将自己孤立起来，邻里之间要形成一种互惠互利、相互照料的良性循环。

★安装门磁报警器和防盗门窗

有条件的居民，可以在门或窗户上安装门磁报警器。住宅门窗要坚固可靠，最好安装高质量的防盗门窗。

★忌盲目呼叫

对老人和小孩来讲，在不能确保自己的呼叫能够得到邻里的协助时，切忌盲目呼叫，以免遇害。

★生命第一

应对犯罪分子入室抢劫时，我们首先要明确犯罪分子的目的都是求财的多，但劫财又劫色的案例也不少。我们要明白生命是最宝贵的，如果生命受到威胁，理所当然还是生命第一。

★不逞强，牢记特征

如果犯罪分子人多势众，敌我双方实力相差太大，不要逞一时之勇，按照犯罪分子提出的要求交出钱财，以保生命安全。但是一定要镇静，努力记住犯罪分子的外貌特征，如胎记或疤痕等，随后及时报警，为尽快侦破案件提供有效的线索和时机。

（七）遇见车库抢劫怎么办？

【案例回放】2012 年 3 月 12 日 12 时许，家住东塘某住宅楼的张女士下楼来到地下车库，准备驾驶自己的爱车出门。就在她打开车门准备上车的一刹那，两名男子突然冲进车内，一人持枪、一人持刀将她控制。在抢走张女士的两部手机和 1500 元现金后，歹徒还逼问张女士身上银行卡的密码，并从卡内取走现金 3 万余元。

重要提示：

★注意周边安全

由于地下车库光线比较暗，且平时行人稀少，因此在驾车前要注意周边情况，如果发现有男子在车库转悠时一定要小心。

★开车有人陪伴

深夜或凌晨女性去车库开车，最好有男性陪同。

★监控到位

入住小区后要提醒物业公司，保证车库灯光明亮，最好安装监控录像，以防止歹徒在车库内抢劫。

★不带大量现金

不要随身携带大量现金和多张信用卡，以防被抢。

★不抱侥幸心理

车库抢劫的犯罪分子一般都是有备而来，不是持枪就是持刀，专门劫持开豪车的女性，只要被害人稍有反抗就会被威胁生命，还有的劫了财物又劫色，所以永远不要以为很多事情不会降临在自己的身上，永远不要以为自己总是幸运的那一个，危险总是出现在我们丧失警觉的时候。

（八）遇见绑架怎么办?

【案例回放】某县酒店承包人章某，因经营不善而严重亏损，遂产生了绑架勒索财物的念头。经考察，章某选定了本县个体户吴甲之子吴乙（7岁）为绑架对象，并对吴乙的活动规律进行了跟踪了解。2003年9月14日上午，章某对本酒店的服务员王某（女）说：有人欠债不还，咱们去把他孩子带来扣押，逼其还债。王某同意了。当日中午，章某将王某用车带到吴乙的学校并将吴乙指认给王某。随后，王某将吴乙骗出。章某与王某一起将吴乙带回酒店，将吴乙关押于储藏室内。16时许，章某打电话给李某（女，系章某外甥女），告诉她自己绑架了一个小孩，让她帮自己打电话给吴家勒索财物，同时告诉了李某吴家的电话号码以及勒索数目是50万元人民币，并表示事成之后必有好处。李某同意了。随后一个多小时内，李某共3次打电话给吴家勒索财物。次日，章某赶到李某住处，再次要求李某继续打电话向吴家勒索，李某予以拒绝。9月17日，因被害人家属报案，三名被告人被抓获。

绑架是指以勒索财物为目的，使用暴力、胁迫或麻醉等方法，劫持、要挟人质或他人的犯罪行为。这种犯罪行为侵害的对象不限于少年儿童，成人被绑架的事件也时有发生。

重要提示：

★孩子要在家长视野内

带孩子上街、外出旅游或在家玩耍时，不要让其脱离自己的视线。

★冷静，耳听

如果遭遇绑架，首先应保持冷静，然后设法了解自己的位置。若被蒙住双眼，可通过计数的方法，估算车辆行驶的时间和路程距离，记住转弯的次数和大致的方向，尽量用耳听取沿途的声音变化和被扣押场所周围传来的各种声音（如音乐、工地噪声等），并记住这些情况。

★说实话，保护自己

千万不要与绑匪发生争执，以免激怒绑匪。若绑匪问家中电话、地址，须据实相告，让家人及警方知情后实施营救。

★巧妙周旋

在确保自身不会受到更大伤害的情况下，尽可能与绑匪巧妙周旋。例如，设法利用绑匪同意让人质与亲属通话的时机，巧妙地将自己的位置、现状、绑匪等情况告诉亲属。

★自救

采取自救措施时，要抓住任何可逃生的机会，如借机要求上厕所等。在确保安全的情况下，乘隙逃到附近人多的地方或其他安全的地方。逃脱后，要立即报警，向警方提供绑匪的有关情况。

★巧妙传递实情

当匪徒让您打电话向家人要钱时，您可在电话里说些异常、蹊跷的事或表现出不符合您平时说话的风格。例如，在电话里按照劫匪的要求应付一通，趁机说：“妈妈生气回老家了”，其实妈妈早已去世多年，让家人意识到存在问题，目的在于发出求救信号，暗示对方自己被绑架或遇见危险，需要立即报警。所以遇见绑架时，您的反应要快，还要务必保持冷静，设法周旋，向外传递信息。

★牢记绑匪有关内容

案发后，人质的亲属应立即以隐蔽的方式向警方报案，提供人质的年龄、体貌特征、生活习惯、活动规律、手机号码、随身物品、近期照片以及绑匪使用的电话号码等；提供案发前后的有关反常情况，如可疑的人、可疑的电话及可疑的车辆等；提供案发后绑匪要求人质亲属做什么，如什么时间联系、在何地点以何种方式交接赎金等。

★积极与警方合作

人质的亲属应积极与警方合作，在警方的提示下与绑匪保持联系，并根据警方制订的解救方案，协助警方解救人质。切记不要自作主张。

六 诈骗安全防范

（一）如何识破假神医？

【案例回放】年近80岁的张某系退休人员，曾练过气功，有人声称张某会用气功看病。对此，张某也不做过多解释，并吹嘘自己确实能看病，而且还在家里修建佛堂，自称“佛堂大师”。2010年8月，从朋友处得知这位大师“事迹”的王某，带着自己28岁的女儿小云慕名前来看病。张某略做查看后即告知王某，小云得的是皮肤癌，随即用气功给小云治病。尽管张某声称自己是“免费发功”，但小云母女每次治病时还是会给钱或者买礼品，两年下来共计10万余元。然而治疗两年来，小云的病不但没有好转，反而更加严重，王某这才意识到自己可能被骗。

2013年8月13日，《北京晚报》刊登了《王学贵“能治愈95%晚期癌症”?!》一文，记者调查发现，他本人吹嘘已经治愈晚期癌症患者2000多例，治愈率高达95%，这些神奇的医术不但无从考证，反而成为非法行医的典型案例。近些年来，类似的“治癌神医”层出不穷，如杨神医、刘太医、胡专家，等等。那么，如何识破这些“神医”的真面目呢？

重要提示：

★拉大旗，做虎皮，层层包装

中国的患者一向迷信“权威”、“大医院”和“专家”，许多骗子因此利用患者不懂医学，迷信权威的心理，进行层层包装，将自己打造成神通广大的“神医”，以此迷惑患者，这是所有骗子惯用的伎俩。王某某在昆明市打造了“治癌神医王某某成就展”，声称获奖无数，患者在这些奖杯面前已彻底迷失方向，无不认为其神通广大。刘太医更是吹嘘自己是明代御医的后代，有的还将自己打造成“政协委员”、“大学教授”，还有的自己开办医院或进入大医院承包科室等，无不披着金光闪闪的外衣。实际上，真正的中医包装很少，宣传也不多，也不一定在大医院。这些金光闪闪的外衣与医院及治病的疗效之间没有任何关系，疗效的好坏关键看医术，而不是看包装，以后凡是遇到这类金光闪闪的“神医”还是小心为好。

★伪造大量治愈成功病例

病例仅代表医生的经验，其实与您的疗效没有任何关系，这些年出现的“神医”无不伪造大量治愈成功的病例，以此来证明自己的医术是如何的神奇。王某某号称治愈了2000多例癌症患者，治愈率95%以上。前不久揭露的一位福建“神医”号称治愈了几百例癌症患者。还有的“神医”提供患者的联系电话或者举办报告会让某位患者现身说法，其他患者以为有这些成功的治愈病例，自己的病也能够治好，因而上当受骗。其实道理很简单，人与人之间即使患同一种癌症，但由于病情的不同，体质的不同，因此在预后方面完全不同，治疗方案与用药更是有着天壤之别，因此，求医的患者与治愈病例之间完全没有可比性，也就是说，医生治疗同一种病，有的人能治好，有的人就不一定能治好，正规医院的医生很少给前来就诊的患者提供治愈患者病例，原因就在这里。因此，对凡是大肆炫耀治愈病例的“神医”同样要小心。

★祖传神药的“偏方”、“秘方”显神奇

所有祖传神药的“偏方”、“秘方”不能包治百病，有效果的只有20%，许多“神医”号称自己有包治百病的祖传神药，主要是“偏方”和“秘方”，大多以中成药的形式出现，实际上，中医治病是辨证论治，用药因人而异，就拿肺癌来说，中医辨证分为五型，分别是：

（1）脾虚痰湿型；

（2）阴虚内热型；

（3）气阴两虚型；

（4）肾阳亏虚型；

（5）气滞血虚型。

每种证型要分别用不同的药，有中成药，也有汤药。假如某种秘方治疗肺癌其中的一种证型的话，那它对整个肺癌的有效率只有20%，对其他癌症无效。无论“偏方”和“秘方”，都有它自己的适应症，不可能包治百病，更不可能对所有的癌症都有效。“神医”夸大疗效，将“秘方”吹嘘成抗癌神药无非是为了卖药，真正的中医看病对用什么药并不看重，看重的是如何辩证和选择哪种治疗方法。

★资质证书是识别真假医生的唯一方法

要想识别一个医生的真假并不难，主要看他是否有资质证书，医师执业证书和医师资格证书，其中医师执业证书的编号属于全国统一编号，可以在卫生部网站上查到，对于没有资质证书的“神医”，尽管疗效吹嘘的再神奇也要小心提防，因为这类“神医”不懂医学，病情一旦发生变化就会束手无策，不知如何处理，往往会危及生命。

综上所述，识别这类假神医并不难，关键是不能迷信“神医”和“权威”。

（二）如何识别假人民币？

【案例回放】当顾客拿50块钱给收银员时，收银员说：“对不起，这钱少了一角，请换一张。”顾客又从身上拿了一张100元给她的时候，此时另一名收银员过来指着50元说：“这个不碍事的，里面也没多少零钱了。”100元还回来了。其后果是：您下一次花钱的时候，会被告知您的100元是假的！遇到这样的情况确实会很郁闷，因为，谁会想到从家里或是银行里拿出来的钱可能是假币！

其实粗心的顾客不会发现那50块钱的角是被那个看起来很“可爱”的收银员小妹妹给撕下的！更没想到100块钱就这样被调包了。

第五套人民币有两个版本，一个是1999年版，另一个是2005年版。1999年版的第五套人民币100元有横竖双号码，横号为黑色，竖号为蓝色；20元、10元、5元为双色横号码（左半部分为红色，右半部分为黑色），这两个号码必须是一致的才是真币。2005年版的第五套人民币100元取消了竖号码，改为防伪的凹印手感线，两个版本的号码都是凸印。

在此提醒居民们，当接收第五套2005年版百元大钞时请仔细辨认，如果收到假币，及时报案。

重要提示：

★**2005年版假钞的冠字号码为：**

TJ55、AZ88、WL15、YX86

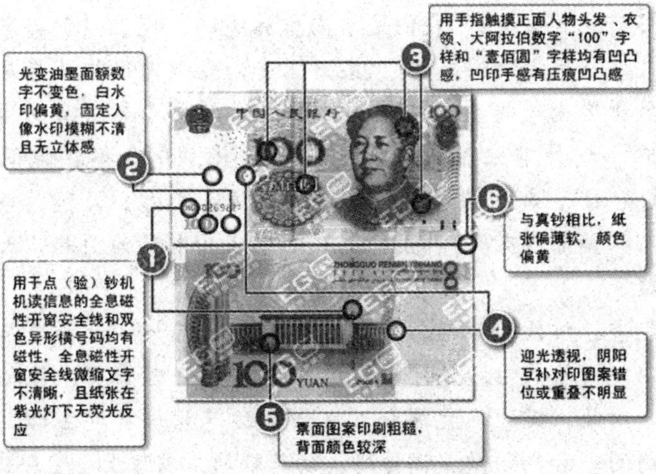

（三）如何识破假僧人？

【案例回放】因相信“花钱消灾”之说，王先生拱手捧出3000元“请”进“镇邪香包”。直到晚上女儿回家，摆出多起案例，王先生才恍如梦中醒来，知道自己这是被假和尚忽悠了。

王先生平时常到周边寺庙烧香拜佛。某日下午他独自一人在家，一名不速之客闯了进来，一杯水下肚，一番寒暄，“和尚”便开始忽悠起来：“这位施主，我看您印堂发暗，且屋中有股阴气，您家不久会遭遇一道坎！”观察到王先生露出紧张的神色，“和尚”又故弄玄虚，“我这里有‘镇邪香包’一个，但这是佛家宝物，不能买卖，只能‘请’回。”不知不觉间，王先生钻进对方的圈套……

当晚，回到家中的女儿知道此事后连呼老爸上当受骗了，但是王先生无论如何也不相信。无奈，女儿打开电脑，搜出若干类似案例，让王先生一一过目。看到那么多与自己如出一辙的经历，王先生才彻底醒悟：自己是被遇到的假和尚忽悠了。

另有此类报道：“我们是河南少林寺的，晚上我们将在桥头公园表演节目，欢迎光临！”某日上午，金口河区街头巷尾突然冒出数十名剃着光头、身着僧服、自称来自河南嵩山少林寺的“和尚”，到处非法散发传单，兜售膏药，并准备在晚间现场“表演节目”。部分“和尚”甚至窜进该区某办公大楼，声称可以替人“消除疲劳”、“贴药治病”，其身份和行为引起广大群众的怀疑。

经查，该伙人为河南宝丰籍农民，冒充少林寺和尚流窜至此，以气功治病为名强行推销“秘方”和假冒膏药，诈骗他人钱财。对此，提醒广大群众切实增强防范意识，对主动上门兜售膏药的“和尚”要提高警惕，切莫轻信，以防上当受骗。

重要提示：

★不买来路不明的开光物品

僧人在人们心中都是克制律己、修行悟法的形象，而今却出现假僧人借各种名目骗钱，他们都不是僧人，也不会武功，更不是少林寺的。切记，不要轻易去买他们手里的“开光佛珠”、“护身符”和“贵宾卡”等物品，那些都是假的和劣质的东西。不要买了那些来路不明的所谓开光的物品，随身佩戴、家里收藏，就相信可以辟邪消灾、百病不生等。

★巧问对方，识真相

如果上前询问：“您是哪个寺院的？皈依师父是谁？是否出家人？”对方完全可以随便说出一个寺院名字、编造一个皈依师父，谎称自己是出家人。但是您如果说：“您难道不知道出家人都是免费结缘东西的吗？是不允许要钱的吗？真正的出家人化缘，是只要素饭菜的。”接着让他拿出“戒牒”，要是对方真拿出“戒牒”，绝对就是假僧人。这时候，对方一般就会找个借口离去，知道您识破他了。

★僧人化缘有讲究

在佛教领域，僧人一般不到社会上四处化缘、行乞，僧人化缘有严格的规定。首先，僧人不允许出寺院化缘，若要修葺寺院等，可在寺院内张贴布告进行化缘；其次，寺院若要派僧人外出化缘，必须得到当地民族宗教部门登记、审批才行。而且，僧人也只能向自己的信徒化缘，不会向陌生人化缘，否则是会断人善根的。道喜法师告诉记者，凡是在人口密集的场所向不同的人化缘的，也可以断定是假僧人。

★勿信“秘方”

如果您或您的家人有病，需要治病的药物，最好到正规大医院去开，切勿相信假僧人手里包治百病的“秘方”或假冒膏药。

★教您识别真正的僧人

凡是僧人都要剃除须发，出门办事须穿长衫、僧鞋、僧袜，不穿戴皮质用品，如皮鞋、皮帽等。另外，真正的僧人一般不戴帽子，即使戴帽子，在与别人讲话时也必须先脱帽。每一位僧人都有一块能证明其身份的“戒牒”，上面会写明僧人出自何寺庙，师从哪位大师，在哪里剃度等信息。但“戒牒”只给三种人看，一是寺庙的管理者，这主要是针对外出挂单的僧人；二是公安机关；三是给自己的师傅看。正因为“戒牒”的不公示性，所以也有一些假僧人持假“戒牒”行骗，市民自然无从辨认。所以，即使持有“戒牒”的人也不一定就是真的僧人。

（四）如何识破假“中奖”？

假中奖属于诈骗中的一种形式，目前社会上主要有几种形式：一是手机短信中奖；二是饮料罐中奖；三是彩票中奖。

1. 手机短信中奖。

【案例回放】某城市在两个月之中，先后发生利用手机诈骗的案件12起，涉案金额达34万余元。当您的手机莫名收到中奖的信息，而且还是什么名牌小汽车和巨额现金之类的大奖，您要提高警惕了，千万不要去拨打您手机上中奖的电话号码。您不妨拨打官方电话咨询一下是否有这样的活动，而咨询结果往往是“没有”。

手机短信中奖骗汇一般有以下三种方式：

（1）手机短信打着“短信速配”、“网上恋人”、“亲密私语”、“您的朋友为您点歌”、“六合彩”等的旗号，引诱您回复短信或拨打该号码或收听。若您收到开头为0941或0951的未接来电，千万不要回拨，这类电话是加值型的付费电话，一旦拨通即收费500元。若您一旦回拨，您的手机号码有可能会被一些非法短信网站锁定，您会不知不觉中付出高额话费。

（2）您的手机来短信称您在某某幸运抽奖活动中中奖，有可观的奖品等您领取。例如，价格不菲的轿车、笔记本电脑、摄像机或几万元现金不等的实物，并告知您需支付奖品的邮寄费用，当您将第一笔钱款打到其留下的银行账户内时，对方又告诉您还需税费，当您将第二笔钱款打到其留下的银行账户内时，对方再告诉您还需交别的费用，再寄钱过去后，左等右等，奖品还是没到手。当给对方拨打手机时，骗子已停机。千万不要登录骗子给你的中奖信息网址，不要输入个人信息获取获奖验证码，无论写得如何天花乱坠，那都是骗局，没有天上掉馅饼的好事。

（3）手机短信息中谎称海关罚没的走私汽车、手提电脑、手机等贵重物品低价出售，并称款汇到即发货，一般把款汇出，骗子承诺的低价物品您永远收不到。

2. 易拉罐中奖。这类作案手法比较老套，但却使得不少爱贪小便宜的中老年居民或农民工上当。骗子往往是三至五人团伙作案，地点选择在长途公共汽车上、火车站、汽车站、公园等场所，道具就是伪造好的某品牌易拉罐，三人装出互不相识的样子，其中一人拿出伪造的、有中奖的易拉罐打开来喝，突然惊呼发现易拉罐中奖1万元，因家中有急事没时间去兑奖想折价出售，这时另一人马上过来说自己正是这家公司的员工，证实易拉罐中奖是千真万确的，同时第三人出场讨价还价，目的是引起、鼓动旁人参与的欲望，最终骗您花3000元买下这易拉罐，当您前去兑奖时，才知道是假的，大呼上当，后悔莫及。

有一段时间媒体曾频繁报道“易拉罐中奖”的案例，各大城市的老百姓也基本识破了骗子的技法，加上当地公安机关的有力打击，这些骗子基本消停了。但是近年来一些骗子又开始诈骗了，作案手法有所翻新，以易拉罐饮料中奖为由，诱骗他人兑换外币，俗称“新版易拉罐中奖”。

【案例回放】2008年，诈骗团伙成员一行6人（分别扮演傻子、点炮、和事佬、老板、帮腔、银行工作人员）上了一辆长途公共汽车，衣着破烂不堪的“傻子”在开启易拉罐饮料时，故意将饮料溅到“点炮”的衣服上，随后，“傻子”与“点炮”的争吵引起同车乘客的注意。“傻子”此时乘乱将事先备好的中奖拉环拿出，这时“和事佬”假意劝阻，无意看到“傻子”手上的拉环，惊呼中了“一辆18万元小轿车”的大奖，其余成员在旁帮腔、起哄。

“老板”此时上前声称要以10万元购买中奖易拉罐，但自己身上现金不够，可以用外币购买，出价8万“瑞士法郎”（实为作废的秘鲁币）。在一旁的“帮腔”佯装好心，质疑“老板”的“瑞士法郎”有假，最好要鉴定。这时恰好车上有一“银行工作人员”可以提供帮助，于是用便携验钞机鉴定“瑞士法郎”，并称是真币，与人民币兑换率是1比6。

“傻子”同意将中奖易拉罐以8万“瑞士法郎”卖给“老板”，交易完后，“老板”下车离开。车辆继续行驶，其他成员还在车上继续行骗。

接下来，剩余的同伙假装以1比2的兑换比率从“傻子”处换取外币，并向其他乘客渲染兑换后的利润，诱骗同车乘客用人民币、首饰、手机等贵重物品兑换“瑞士法郎”，最后有部分乘客落入骗局。

3. 彩票中奖。国家有关部门对商品促销的奖品明确规定：单项金额不能超过5000元，知情者自然明白这是个骗局，未闻此局者固然有之，但您只要不贪心自然不会上当受骗。正规的厂家和公司一般是不会用手机号码通知客户中奖的信息。面对类似情况，大家应该仔细想一想，骗子虽然不断地翻新骗人的花样，打不同的旗号，喊某某品牌公司的口号，但万变不离其宗，都是以小小的诱饵骗取大量的钱财。是骗就必然有漏洞，只要多个心眼，多打几个电话，就能弄清真相，避免自己钱财受损。防范被骗的最佳办法不完全是技巧，还有心理因素，即您是不是抵住了非正当的欲望驱使，只要洁身自好，就不会上当受骗。

您可能会奇怪，我的手机号没几个人知道呀，骗子又是怎样发中奖短信到自己手机上的呢？这些不法分子通过非正当手段购买一些专用软件，可从某个号码范围内随机抽取或者全部发送，比如说，要想给 13310000000 到 13319999999 号段的号码发短信，只要先将要发的短信编好，然后将手机短信发射器一头连到接线板，一头连到手机上，一按发射按钮，这些虚假信息便可在几秒钟之内发送到这 1 万个用户的手机上。

综上所述，遇见意外“中奖”您该怎么办？

重要提示：

★因贪小利而上大当

做个不贪横财、不贪小便宜、不贪美色的规矩人，牢记一句话：“因贪小利而上大当。”

★不轻易泄露手机号码

您的手机号码不要轻易透露给陌生人，包括办银行信用卡、办孩子学习卡等。在填写需要留电话号码的申请表时，多一份谨慎，就多一份安全。

★不轻易相信“中奖”

不要轻信手机短信及网络等中奖信息，要通过正规渠道兑换奖品和购买彩票，这样才能避免上当受骗。

★学习防骗知识

要有高度的警惕性，平时要有意识地学习防骗知识，培养自己强烈的防范意识，一旦遇见骗局，基本能够识破。

（五）如何识破网上交友诈骗？

【案例回放】2012 年 3 月 12 日，河南省公安局破获了一起利用网上交友进行诈骗活动的案件，犯罪嫌疑人张某只有小学学历，曾伪造多个身份，在多个小型交友平台上进行注册，自称有房有车、英俊潇洒等优越条件，先后诈骗了 5 名网上交友的女性。

据某知名交友网站调查数据显示，我国网上交友市场规模年均增长 80% 之多，同时网上交友被骗的事件也呈现以年均 30% 的速度增长。随着社会的发展，人们的交际圈越来越狭窄，通过网上交友平台寻找生命中的另一半成为潮流。同样来自中国交友网统计，通过其网站而结成连理的新人，每年都有数百对之多。

如今，网络逐渐向生活渗透，在网上婚恋交友为都市男女提供便利的同时，“安全”问题也成为网络婚恋用户最关注的问题。面对网络征婚交友良莠不齐的现状，教您如何识破网络交友骗局。

1. 防骗钱财。婚介骗子常见的伎俩多是酒托或饭托，从消费场所中牟取经济利益。这样的骗子一般在联系相亲对象时第一封信或第一封回信中常常带有联系方式或直接索取对方联系方式，并很快要求在指定的高档娱乐场所见面。也有某些骗财者要求或者诱导对方为其汇款买火车票、飞机票等，更恶劣的骗财者在网上与对方交往一段时间后，谎称家中有急事需要用钱，要求或者诱导对方帮助，骗取较高数额的钱财，之后便不再联系或者消失。正常的网络交友不应该有钱财的借贷行为，如果对方向您借钱或者诱导您自愿给他/她钱，那么对方是骗子的可能性高达99.99%。

重要提示：

★验证身份

要确认对方的真实身份。验证对方的身份证、工作单位、职务等信息。

★勿贪小便宜

千万不要贪图对方给予的小便宜，随意答应、独自赴约。天上不会掉馅饼，世界上没有免费的午餐。

★勿借钱

千万不要借钱给对方。对方以各种理由向您借钱，不要借，不是不帮忙，而是这种涉及经济问题的交往，欺骗性可能更大一些，自己要多个心眼。一旦糊涂被骗钱财，要立即报警，追回自己的损失。

2. 防骗色。有些网友要找的不是对象而是找性伴侣或一夜情，所以请小心慎重选择。不要一开始就兴奋地将自己的家庭背景全泄露出来，先从个人嗜好开始，慢慢了解对方。电话和通信地址是万万给不得的，因为网上什么人都有，一定要防范。

重要提示：

★果断拒绝

如果对方一开始就问您身高体重三围，接着又问您一些床上问题，您可以马上与他断绝来往。

★有伴相陪

如果打算见面，千万不要选在夜深人静或深山野岭的地方，也千万不要独自到对方的家里做客。如果要去见，请一个朋友陪您一起去。多见几次面，觉得还可以交往的话，再开始深交。

★多人参考

尽量让自己的亲朋好友帮忙参考。多听前辈的话，不吃亏。长辈人生经历多，他们的意见可以参考。

★慎重约会

没有验证对方身份前，最好不要单独与对方约会。即使单独约会，也要叫上自己的亲人或者朋友，远远地跟着，而且您必须在亲朋的视线范围内，不要离得太远，预防其他突发事件。与对方单独约会时，最好选择在闹市区人多的地方。不要单独跟随对方到很远的地方去。

★仔细观察眼神

观察对方的眼神，考察对方的人品。中医里讲："有之内，必形于外。"例如，对方是善良之人，从他或者她的眼睛里，一览无余。需要注意，对方的眼神迷离、飘浮、游移不定，甚至偶尔还显露出一点凶狠之相。如果您实在不懂，可以观察您家的狗，平时对您讨好的眼神以及您激怒它以后的眼神。

★勿贪财

千万不要贪财，爱慕虚荣。看见对方开着豪车来接您，带您出去吃了几次饭，给了一堆甜言蜜语，送了 LV 等奢侈品，就迷失了方向，最终吃亏的是自己。

（六）如何识破电信诈骗？

【案例回放】"5·13"专案源于广州市一起小额贷款诈骗 15 万元的案件。2010 年 5 月 13 日，广州市的林先生到辖区派出所报案，称其前段时间通过报纸看到"盛业投资"小额贷款广告，即按广告上的电话与对方联系，林先生通过传真"贷款申请表"的方式与对方签订了贷款 80 万元人民币的协议，但对方要求林先生先开办一个银行卡、开通手机银行，再拨打一个类似电话银行的语音电话，拨通后让他输入身份证号码、新开银行卡号和密码。林先生照此操作后，对方称银行放贷前要审核其银行卡是否有相应资金的流水记录，提示林先生“只要存一笔钱到银行卡再取出就可以”。当天，林先生存入15万元，几分钟后，却发现账户里的15万元已经被人从手机银行转走。

公安机关侦查发现，该案件与中山市戴某被诈骗500万元案、阳江市戴某被诈骗1106万元案等一批案件均为同一犯罪团伙所为。阳江市戴某收到“法院传票”，称其因恶意透支信用卡将被冻结资产，后被要求将存款转入指定账户。在两天时间里，戴某分14次一共转账1106万元到对方的14个银行账户，全部打了水漂。

诈骗集团不但有国内的，还有跨国的。国外犯罪分子诈骗手段比较高明，高科技设备，组织严密，精心策划，环环相套，仿佛身临其中。该组织呈金字塔结构，塔顶是集团核心层，下设剧本组、话务窝点、取款组和洗钱转账团伙。集团专门为诈骗编制的“剧本”，被称为“战斗手册”。手册中，有各种问答细节，包括被骗者怀疑的时候怎么说，什么时候打电话，完全按照被骗者的心理行事。打电话的时候，有专门设备制造出的法院、公安局的工作背景声音，每人扮演的角色也各不相同。例如，由一位女话务员通知受害人法院有传票，另一名话务人员（一般是男性）冒充警察，告知他涉嫌洗钱。在话务员的选择上也是精挑细选，普通话好的，主打北方“客户”（指受骗者）；粤语好的，主打广东“客户”。

跨国诈骗集团不但有“开卡团伙”，专门负责在内地开或收购各类银行卡；还有持卡的“车手团伙”，他们持有多家银行的银联卡，数量庞大，提出现金汇总后再以大额现金形式存入上家提供的新账号。

诈骗程序如下：

1. 由话务人员扮演公检法的工作人员，打电话行骗；

2. 受骗者将钱存入其指定账户；

3. 取款组的“车手”（团伙中称呼的取款人）们立即取款，并将现金存入洗钱账户；

4. 钱款最终进入集团头目的指定账户。

重要提示：

★了解基本常识

公检法部门如果通知当事人相关情况，一般除电话通知外，还有书面材料，所有案件的调查工作都会依照法定程序出具相关法律文书再执行，单靠电话通知一般不可信。

★会辨别

由于不法分子利用了改号软件，诈骗来电有时会显示为公共服务电话号码，不少市民真假难辨。因此要谨慎行事。

★勿轻易汇款

不要相信不明来电和短信，不要透露自己的身份和银行卡信息，更不要轻易汇款。如有疑问，可拨打 110 求助咨询，或者向相关职能部门、亲友核实。

七 意外事故安全防范

（一）如何避免行人意外事故？

【案例回放】2010 年 1 月 1 日晚上，路面结冰，在农业路和沙口路交叉口附近正常过马路的小美被刹不住的汽车连续撞了两次。卢先生驾驶的第一辆车撞倒小美后，卢先生急忙下车查看。怀疑伤到了骨头，卢先生不敢随便挪动小美，只好先报警。

“也就是两分钟，第二辆车也刹不住了，撞上了第一辆车。我被撞倒后，一直就在车头底下卡着呢，第二辆车撞上来后，第一辆车直接就从我身上轧过去了。”小美指着左侧锁骨处清晰可见的深色疤痕说。小美被两辆车的司机送到医院后，诊断结果是骨盆和肩膀骨折，住院治疗一个月才回家。

重要提示：

★走人行道

行人要走人行道，没有人行道要靠路边走。过马路要从人行横道、人行天桥或地下通道走。

★注意红绿灯

在有信号灯的路口一定要严格遵守红灯停、绿灯行、黄灯歇一歇的交通规则。

★不要翻越栏杆

不要求近、图方便，强行翻越栏杆，横穿马路，特别是在封闭的高速路上，行人不得穿越。

★老人、孩子要有人陪

高龄老人和未成年人最好有人陪伴过马路；不要擅自进入交通管制区域。

★孩子远离车前后

不要让孩子单独在道路上或小区的停车场内玩耍，特别注意不能在车的前面或后面停留。

（二）如何避免骑车意外事故？

【案例回放】 2010 年 10 月份，张大爷在北京市朝阳区京密路上骑车的时候意外摔伤，昏迷之后，老人的记忆中出现了一段空白，由于案发现场没有监控探头，老人到底是遭遇了车祸还是突发疾病，成了一个未解之谜。

现在的汽车越来越多，车道却不宽，如果遇见上下班高峰时段，骑车外出要注意，特别是天暗的时候、拐弯处等地方，要更加小心。在各类交通事故中，自行车事故占总比例的一半以上，不可小看。如何确保骑车安全呢？只有严格遵守骑车规范，才能避免当“牺牲品”。

重要提示：

★主观和客观因素

骑自行车导致意外事故的原因，有主观原因，也有客观原因。主观原因包括骑车速度快、自行车的安全检查、自身的健康因素、与汽车抢道骑行等；客观原因包括小车司机醉酒驾驶、雾霾天气或大雨等。

★自检自行车

学会对自行车进行安全检查，看看自行车的铃、锁、车闸、脚踏板、车轮、坐垫等是否完好有效。

★学会如何安全骑车

如果您刚学会骑车，最好选择人少的道路，白天骑行。当您认为自己已掌握骑车技术，问题不大时，要规范骑行。

（1）在非机动车道内顺序行驶，严禁进入机动车道；

（2）当骑车到十字路口时，应主动让机动车先行，千万不要去闯红灯，黄灯也不能去闯；

（3）当骑车拐弯时，要伸手示意，千万不可与机动车一同急转猛拐，争道抢行；

（4）当停放自行车时，按交通标志指定的地点放好，不要随意停放，影响车辆和行人的正常通行；

（5）不准在自行车道上相互攀扶、追逐嬉闹、双手不扶车把、边骑车边听歌等，靠右边骑行；

（6）禁止骑车横穿马路或逆行。

★鲜艳衣服安全性高

穿着鲜艳的衣服，在公路上易于辨认，能够保障安全。

★自行车运动讲科学

自行车运动可使已患高血压的人血压升高、冠心病患者心脏负担加重、疝气患者病情加重，自行车运动使脑震荡后遗症患者和癫痫病患者容易出现意外摔倒的情况，所以患有这五类疾病的人不适合经常从事这项运动。

★车技高不一定安全

了解道路状况，不要存在侥幸心理，关键时刻不可因为车技高而冒险。

★疲劳时不宜骑行

人在疲劳状态下做任何事情都容易出错甚至出现危险。因此每次的骑行时间不宜过长，如果过长会对脊椎有压力，下车的时候适当做一些放松的运动，缓解骑行带来的疲劳感。

（三）如何避免驾车意外事故？

【案例回放】2013 年的某天下午 3 时左右，雨下得很大，高速公路的交警连续接到三起报警：杭宁高速公路杭州方向过良渚三四公里处，一辆大货车冲进了中央绿化带；大货车后方数百米处，一辆大客车在中央绿化带处发生了侧翻；侧翻大客车后方，又一辆大货车跟另一辆大客车追尾。

10分钟内，同一路段3起事故4车中招，一度被网络上传成了4车追尾事故。交警说，一前一后的两起车祸，均无人员受伤。不过，大客车侧翻的事故中有20多人受伤，其中1人伤势比较严重，送往医院抢救无效死亡。

一位医生告诉记者，到当天晚上6点，市第二医院已经接诊了27位这起车祸的伤者。除了1位重伤正在抢救，其余伤者伤势不重，外伤居多。

“刚拍了片，问题应该不大，不过半边身子依然麻着。”本打算从衢州去宁波的小周说起车祸那一瞬间，仍心有余悸，“那时候雨刚停，我醒过来正打算掏出手机看看时间，就感到车身‘砰’的一震，整个车子打横甩了出去。”坐在座位上的小周一时没反应过来，整个人被甩到了车内的过道里。

当时正在看报纸的朱先生第一时间抓住了座椅扶手，但车辆很快就翻了过去，朱先生也被甩出了座位。“我感觉整个人都失重了，车子好像翻滚了一周半，最后冲出了高速路，倒在路边的绿地上。”朱先生昨天要从江苏盱眙到宁波开会，才坐上这班长途大巴，他清楚地记得事故发生在昨天下午3点55分左右，车里乘客多数都在睡觉。

车辆翻倒在高速公路外，靠地面一侧的车窗玻璃尽皆粉碎。幸运的是，朱先生只是肩胛骨被撞伤，也没有掉入碎玻璃中。朱先生赶忙爬出车窗，向其他人呼救。这惊魂一刻，也让许多人失了魂。好几位从车内被扶出的乘客，吓得动不了，只能坐在一边。

事故现场，大客车呈往右侧翻状，车头在绿化带内，车尾在一车道内，碎片满地。车子被施救吊起后，右侧沾满了泥土，车损非常严重。前挡风玻璃和车窗整片脱落，车尾右侧、车顶明显变形，座位套上能看到斑斑血迹。交警说，这是一辆从江苏盱眙开往杭州的大客车，核载55人，实载52人，没有超员。事故发生可能跟雨天路滑及司机操作不当有关，不过具体原因还需要进一步调查。

意外事故的原因很多，疲劳驾驶就是其中因素之一。防止疲劳驾驶的方法有不少。

1. 驾驶前或驾驶中感觉疲劳时，用清凉空气或冷水刺激面部。

2. 喝一杯热茶或热咖啡，吃一些酸或辣的刺激食物。

3. 停车到驾驶室外活动肢体，呼吸新鲜空气，进行刺激，促使精神兴奋。

4. 收听轻音乐或将音响适当调大，促使精神兴奋。

5. 做弯腰动作，进行深呼吸，使大脑尽快得到氧气和血液补充，促使大脑兴奋。

6. 用双手以适当的力度拍打头部，疏通头部经络和血管，加快人体气血循环，促进新陈代谢和大脑兴奋。

重要提示：

★遵守交规

操作熟练、思想重视、遵守交通规则是安全行车重要的保证。

★观察各种仪表的指示

在行驶中，车辆随时都可能发生技术上的异常变化或故障，驾驶员必须随时注意观察各种仪表和警告装置的指示情况。例如，冷却液温度警告灯、充电指示灯、机油压力警告灯、ABS制动系统故障警告灯、发动机故障警告灯等闪亮时，要停车查看，排除故障后方能重新起步。

★烧焦的气味可疑

在行驶过程中，驾驶员可以通过嗅觉感觉到有无橡胶、塑料、线圈、摩擦片等被烧焦的气味，以便了解一些总体和部件的工作情况。例如，离合器是否打滑、导线是否短路等。

★异常响声

在行驶过程中，驾驶员要注意细听发动机和底盘部位有无异常响声。例如，敲缸、传动轴松旷等，以便及时“对症下药”。

★停车检查

驾驶员在行驶中还要随时对车辆进行停车检查，特别是长途行车，停车休息时必须进行检测。例如，检查转向灯、转向横拉杆、直拉杆是否正常，制动鼓、轮胎是否发热，胎面花纹是否夹有石子，双胎间是否卡有砖块，以及制动件、传动件的紧固情况、货物的捆绑情况怎样等。

★高速行车不安全

一是要保持适当的车速，不要高速行车。随着车速的增加，人的视力会明显下降。车速一高，驾驶员不但对道路上的行人、自行车和对面来车的速度难以正确估计，而且还会使驾驶员自己的听觉变得迟钝，因此高速行车很容易发生交通事故；另外，由于车速太快，发生紧急情况时，即使紧急刹车，车体也不会一下子就停下来，这就更增加了发生事故的可能性。因此，一是要中速行驶；二是要重视掌握汽车性能和维护保养的一些常识。

★坏天气影响安全

多雷多雨多雾季节在高速上开车，一定要控制好车速和车距，遇紧急情况，不能采取急刹的措施，否则容易发生侧滑和侧翻，导致事故发生。

在可视性较差的雨天，应该及时打开雾灯和大灯。当雨水过大或者是打雷、闪电无法继续行车时，要将车辆停在地势较高的位置，以防车辆被浸，并开启双闪警示灯提醒后方车辆注意。

★雨天在城里驾车还需特别留心路上的行人

行人在下雨天打伞、穿雨衣之后，视觉、听觉都会受到一定程度的影响，稍不留意便会发生意外。因此，遇到行人时，应提前减速慢行，多鸣笛，耐心避让。在夜间雨中驾驶时，地面因积水会反射光线，适当地变换远近灯光，有助于及时发现前方的行人或障碍物。

★行驶中，忌疲劳驾驶

驾驶人在疲劳时，会出现视线模糊、腰酸背疼、动作呆板、手脚发胀或有精力不集中、反应迟钝、思考不周全、精神涣散、焦虑、急躁等现象。从而导致换挡不及时、不准确，或者下意识操作，甚至忘记操作，严重时会失去对车辆的控制能力。如果仍勉强驾驶车辆，则可能导致交通事故的发生。

★行驶中，忌大量吸烟

有些驾驶员认为吸烟有助于提神，实际上并非如此。在行车中吸烟，特别是大量吸烟时，驾驶员会产生操纵车辆的困难。而且，在行驶中吸烟，转移了对道路情况的注意，由于一只手被占用，因而也放松了对方向盘的掌握。此外，吸烟产生的烟雾尤其是不断含在嘴上吸烟的烟雾，它能连续地刺激眼睛、呼吸道，引起视物模糊、咳嗽等，提高车祸发生率。

★行驶中，忌带情绪开车

（1）思想麻痹情绪。思想麻痹的主要表现为：驾驶员放松警惕，注意力不集中，视线弥散，全身懒散放松。在道路条件较好且路上没有复杂的交通情况，长途行车已安全驶近目的地，在车场掉头、试车与倒车，由复杂道路进入平坦道路，由城市驾驶转入郊外等级公路驾驶，夜间车稀人少、车况良好、操纵得心应手等几种场合下，极易产生思想麻痹情绪。

（2）骄傲自满情绪。有些驾驶员驾车一直比较安全顺利，感觉自己技术高明，便会忘乎所以，过高地估计自己，因而不能正确认识和判断客观事物；有些驾驶员目无各种规章制度，常做出一些越轨的驾驶动作和行为，导致事故的发生。

（3）斗气赌气情绪。在行车中，有些驾驶员碰到不顺心或违背自己意愿的事而生气，把车辆当成发泄自己怨气、向对方施行报复的工具，这也是造成重大交通事故的原因之一。

（4）波动情绪。驾驶员情绪波动，大多数是由思想问题引起的。情绪波动（高兴或沮丧）时，驾驶员行为表现得轻率、好动或反应迟钝、动作呆板、两眼呆滞。因此，驾驶员平时应注意保持思想情绪的稳定。

（5）恐惧情绪。恐惧心理（多为新手开车）往往使驾驶员的手和眼不能敏捷精巧地配合，难以做到眼明手快，驾驶操作容易失误，因而导致交通事故的发生。

★忌服用药物后行车

服用了兴奋型药物和抑制型药物，会产生兴奋或压抑情绪。很多感冒药就有催眠作用。

★忌在一些特殊生理周期内行车

人的一些生理周期性变化也会影响情绪。例如，女性驾驶员在月经来临前会有烦躁压抑的情绪，老年驾驶员在更年期会有变化无常的情绪波动。

★忌部分眼疾患者行车

色盲、夜盲和立体盲等视觉机能发生障碍而引起的疾病，会直接影响行车安全，不宜开车。

★忌驾驶员出车前久看电视

电视机显像管中的电子束比较强烈，容易引起神经系统和感觉器官的疲劳。

★忌驾驶时打手机

在驾车时打手机容易导致注意力分散，诱发交通事故。实验表明，在驾车时打手机可使驾驶员注意力分散10%，遇有重要情况时可达30%。

★严禁酒后驾车和无证驾驶

（四）如何避免乘船意外事故？

【案例回放】湖南省资兴市2013年3月13日下午3时40分许，资兴市黄草镇移民办公室组织工作人员一行6人租用客运船（限载45人，船舶证照齐全，1名驾驶员）去该镇金腊村抗旱。当船行至东江湖黄草镇某水域时，突遇大风，船被风浪掀翻，6人逃生（其中2人受轻伤），1人失踪。

重要提示：

★注意选择船舶

适合载客乘坐的船舶有：经船舶检验部门检验合格并持证的客船（含旅游船）、客渡船、赶场船。不乘坐木船、超载船、救生设备不齐全或质量检测不合格的船只。

★学生需家长送

如果是学生要乘船，家长应护送或委派熟人照顾，确保子女安全到校。

★不冒险坐船舶

如果气象条件恶劣，不冒险坐船舶。

★遵守渡船运输管理条例

（1）不在船上打闹、推搡、攀爬、涉险等，不要将头手伸出窗外，上船后进入指定客舱就座。如果遇紧急情况，不要自作主张跳船，以防止人员碰伤和落水。保持冷静，听从船上工作人员指挥。

(2) 乘船应坐在客舱内，严禁在船舶顶棚、左右舷、驾驶室和船头乘坐。船舶的顶棚放物坐人，会使船舶重心提高，头重脚轻，稳性变差，遇大风或急转弯时，易造成船舶向一边侧倾翻沉。

(3) 驾驶室不得放物坐人，影响船舶驾驶人员的操作，分散驾驶人员的精力，易造成水上交通事故。

(4) 禁止携带易燃、易爆、有毒物品上船。

(5) 不准随意破坏船上设施、设备，入座后，按照要求穿上救生衣。

★有秩序

先上后下，不要拥挤，自觉维护水上交通秩序；船驶过风景区时，不要集中在一侧观景，以防船舶倾翻沉没。

★船上起火，可用灭火器

如果遇见船上起火，要先呼叫“起火了!”而后用湿手巾、湿布等捂住口鼻，向起火的上风位置逃避烟火。一般物品（木材、纸张、衣物等）起火，可用水来扑灭。可燃及易燃物品（油类、油漆）引火，不能用水，可用泡沫灭火器、干粉灭火器或沙土来扑灭。

★遇风浪，有措施

当遇到风浪袭击时，不要慌乱，要保持镇静，不要站起来或倾向船的一侧，要在船舱内分散坐好，使船保持平衡。若船进水，要全力将水排出去。

当木质船舶翻船，一般不会下沉，人被抛入水中后，应立即抓住船舶，并设法爬到翻扣的船底上，等待救助。

其他非木质船翻了会下沉，但有时因船舱中有大量空气而漂浮在水面上。这时不要将船翻正，要尽量使其保持平衡，避免空气跑掉，并设法抓住翻扣的船只，以等待救助。

★不会游泳者落水自救要领

（1）落水下沉前拼命吸一口气是能否生存的关键。往下沉时，要保持镇静，紧闭嘴唇，咬紧牙齿憋住气，不要在水中拼命挣扎，应仰起头，不要将手举出水面，要放在水面下划水，使头部保持在水上，以便呼吸。如有可能，应脱掉鞋子和重衣服、书包。寻找漂浮物并牢牢抓住。这时，应向岸边行人呼救，并自行有规律划水，慢慢向岸边游动。

（2）穿救生衣跳水，要双臂交叠在胸前，压住救生衣，跳时要深吸一口气，用手捂住口鼻，眼望前方，双腿并拢伸直，脚先下水。

（3）因事故落水后要保持镇定，防止呛水或被漂流物撞伤，且不要离出事船只太远。如果离岸不远，可尝试上岸；如果水流很急，应顺着水流游向下游岸边；如果河流弯曲，应游向内弯水浅、流速较慢处上岸或等待救援。

（4）要通过各种方式（如呼喊或摇动色彩鲜艳物等）向岸上发出求救信号。

（五）如何避免乘车意外事故？

【案例回放】2013 年 5 月 29 日 13 时许，建水境内的通建高速公路上发生了一起重大交通事故，导致 8 人死亡、1 人重伤。

29 日，白某驾驶红河交通运输集团公司元阳分公司云 GY2441 号宇通牌大客车，载客 33 人（核定载人 38 人）从昆明市驶往元阳县。13 时 15 分许，行至通（海）建（水）高速公路时，白某所驾车辆驶出路外，翻下路旁水沟，造成驾驶人白某及 4 名乘客当场死亡、3 人送往医院抢救无效死亡、1 人重伤、多人轻微伤的较大道路交通事故。

重要提示：

★停车，有序撤离

乘客在车内闻到烧焦物品的气味或看到有不明烟雾时，要及时通知司售人员。司售人员有责任停车检查，将乘客疏散到安全区域，并做到有序撤离，同时照顾和保护老人、妇女和儿童，不要围观。

★勿自行处置

在公交车辆运行中，乘客如果发现可疑物，应迅速通知司售人员，并撤离到安全位置，切勿自行处置。

★安静

不要让儿童在行驶的车内跑跳、打闹。

★勿惊慌

遇到乘车意外事故切忌惊慌。应及时报警，并服从司售人员的指挥，积极开展自救、互救。

★及时求救

乘车意外事故易造成群死群伤的严重后果。出现伤亡情况时，应及时拨打急救电话。

（六）如何避免溺水意外事故？

【案例回放】2014年2月22日下午，山西省晋中市平遥县6名儿童放学后结伴滑冰玩耍时，不幸溺水身亡，其中年龄最大的11岁，最小的5岁。

据官方通报，22日16时47分许，平遥县公安局110指挥中心接到群众报告，汾河一级支流惠济河南政村段河道里掉入6名儿童。接报后，110指挥中心迅速指令南政派出所、消防大队出警并迅速上报，平遥县有关领导迅速组织县乡有关部门和周边群众赶赴现场进行紧张救援，并及时送医院抢救。

从18时5分起，先后打捞出4名溺水儿童，19点25分左右，晋中市消防支队增援的蛙人在冰层下面又打捞起一名溺水儿童，19点30分左右，在冰层下再次打捞起一名溺水儿童。陆续被打捞起的6名儿童分别被送往平遥县人民医院、中医医院抢救，但终因溺水时间过长抢救无效死亡。据现场群众反映，这次意外溺水事件系周六学校放假后儿童结伴滑冰玩耍不慎落水所致。

意外溺水事件高峰期在冬季和夏季，多以儿童和青少年人群为主，也有中年或老年人，常见溺水事件多由冰上玩耍、野泳、暴雨涨水、翻船事故等而导致。

重要提示：

★注意冰面

冬天不要在冰面上玩耍，特别是天气转暖的时候，有些冰面开始融化，注意孩子玩耍场所的安全度。

★勿独自游泳

不要让孩子独自一人外出游泳，更不要到不知水情或易发生溺水伤亡事故的地方去游泳。例如，公园的湖里或水库。要选择正规的游泳场所，如游泳馆、浴场，并查看是否卫生，水域的深浅等情况要了解清楚。

★互相照顾

如果有组织外出，并在教练或熟悉水性的人的带领下去游泳，下水前后都要清点人数，并指定救生员做安全保护，以便互相照顾。

★下水前，注意身体健康状态

要清楚自己的身体健康状况，平时四肢就容易抽筋者不宜参加游泳或不要到深水区游泳。要做好下水前的身体准备活动，如果水温太低应先在浅水处用水淋洗身体，待适应水温后再下水游泳；镶有假牙的人，应将假牙取下，以防呛水时假牙落入食管或气管。

★有自知之明

对自己的水性要有自知之明，下水后不能逞能。不要贸然跳水和潜泳，更不能互相打闹；不要在急流和漩涡处游泳，更不能酒后游泳。

★上岸休息

在游泳中，如果突然觉得身体不舒服，如眩晕、恶心、心慌、气短等，要立即上岸休息或呼救。

★抽筋不可小视

在水中，若小腿或脚部抽筋，千万不要惊慌，可用力蹬腿、做跳跃动作，或用力按摩、拉扯抽筋部位，同时呼叫同伴救助。

★不轻易下水救人

看见有人落水或自己同伴落水，不能轻易下水救人，掂量一下个人的水性、天气、救生水平、水域等情况，不要超过自己的施救能力范围，否则很可能悲剧再次上演。

★现场急救

在游泳中，遇到溺水事故时，现场急救刻不容缓，心肺复苏最为重要。方法：将溺水者救上岸后，要立即清除口腔、鼻咽腔的呕吐物和泥沙等杂物，保持呼吸通畅；应将其舌头拉出，以免后翻堵塞呼吸道；将溺水者的腹部垫高，使胸及头部下垂，或抱其双腿将腹部放在急救者肩部，做走动或跳动“倒水”动作。恢复溺水者呼吸是急救成败的关键，必要时立即进行口对口或口对鼻的人工呼吸，并在急救的同时迅速送往医院救治。

（七）如何避免户外活动意外事故？

【案例回放】据温州市登山协会统计，每周有7000～10000

名“驴友”（“旅游”的谐音，户外运动的爱好者）活跃在温州市各个峡谷、古道等险境处探险，“驴友”群体的安全问题现已受到人们的普遍关注。

近年来温州的户外运动发展快速，每周参与户外探险活动的铁杆“驴友”固定在3000人左右，这其中还不包括外地组织来温州的“驴友”。近几年来，关于户外活动的意外事故报道也频频出现。

2010年7月12日，市区一名女“驴友”在青田县探险时，不慎被五步蛇咬伤，险些丧命。7月17日，温州铜铃山森林公园由于暴雨引发山洪，其中一名女“驴友”被山洪冲入瀑布，不幸身亡。7月18日，一名曾姓男“驴友”在永嘉县四海山探险时，不慎在溪流中摔倒，意外身亡。

随着市民生活水平的提高，近年来，越来越多的人开始热衷于“驴友”探险。据温州市登山协会对在工商部门登记的30多家户外俱乐部的统计来看，2013年夏季，该市范围内每个周末参加户外探险的人数几乎都超过1万人，这还不包括通过网络论坛、QQ群等方式自发组织的户外登山活动人数。每年5—7月是户外探险事故高发期，频频发生“驴友”出行安全事故。

重要提示：

★三个问题

无论是跟随俱乐部出行，还是自己组团出游，“驴友”每次出行前或许都应该问自己三个问题：跟谁走？去哪里？带什么？

★新手出行路线分级

如果是初级户外爱好者最好是跟随有经验的俱乐部出行，他们会将线路根据难易程度分级，最难的技术型线路不允许没受过训练的“初驴”参加。而峡谷穿越则更不适合新手来尝试，因为要溯溪，新手途中容易出意外。

★成熟的目的地

出行目的地的选择，建议尽量选择经过多年旅游开发的成熟的景区景点，一些开发不久或外界知之甚少的景点一般不建议前往。

★带足装备

每次出行前做好线路的详细规划，带足装备则是关键的最后一环。另外还应对地形、天气做出准确判断，不然，稍有闪失便会出意外。

★“驴头”资质十分重要

据了解，屡屡发生的“驴友”意外事故，都有共同的原因：旅行活动组织性严重缺乏。与跟团游不同，“驴友”们出行往往通过网络论坛或QQ群组织探险活动，但相当一部分“驴友”活动的运作并不规范，无力为团队提供专业安全保障。户外运动时刻存在风险，活动的组织者“驴头”的作用十分关键，最好能取得相关资质，如中国登山协会和各级登山协会联合颁发的户外指导员证书。目前全温州市取得户外指导员证书的“驴友”不足百人。没有资质的领队，就像没有导游证的导游一样，会给旅行带来隐患。

★购买保险

值得注意的是“驴友”常会选择潜水、蹦极、攀岩等高风险项目。这些特殊风险通常不包含在一般的人身意外险产品的保障范围之内。近年来，各大保险公司基本上推出了户外运动意外险。据悉，前面提到遇难的曾姓男“驴友”，他曾投了登山及户外运动无恙意外保险，一年投保300元，保额在40万元。保险公司承诺在手续齐全的情况下，将在15日内理赔到位。

八 传销安全防范

（一）遇见“天上掉馅饼”的网络传销怎么办?

【案例回放】2012年6月20日，湖南省株洲市株董路一家幼儿园内，门卫王某急促地拨打了朋友蔡某的电话，“我的两万多元，什么时候给我?”5分钟后，蔡某骑着电动车匆匆地赶到这家幼儿园，她告诉王某一个震惊的消息：“幸福缘”构成网络传销，已经宣判了。

原来，2012年6月7日，四川省“幸福缘”农业开发有限公司（以下简称“幸福缘”公司）网络传销案在眉山市仁寿县法院一审宣判：主犯陈某被判处有期徒刑10年，并处罚金500万元；彭某被判处有期徒刑5年，并处罚金100万元，这是四川破获的涉案金额最大的一起传销案。

据了解，“幸福缘”公司以高回报引诱会员推销产品发展下线，2012年3月案发，“幸福缘”公司涉案金额达4.88亿元人民币，除去开支、会员返利、员工工资，余款被陈某、彭某等人挥霍。

王某近50岁，是株洲市一家幼儿园的门卫。今年2月份，她通过好友蔡某的介绍开始接触一款名称为“幸福缘”营养餐的系列农业产品。蔡某告诉她，购买这款产品，不仅自己可以吃，还有工资回报。起初她并不相信这种“天上掉馅饼”的事，但看到蔡某每天到银行“领工资”，她决定“尝试”一把。随后，王某从蔡某那里借了1300元筹足了26400元，从“幸福缘”公司订购了营养餐，但时隔半个月，却迟迟未收到货。

“本来想兼职赚钱，没想到把存款都搭进去了。”王某懊悔地说。

网络传销的花样很多，从目前情况看，主要呈现以下新的形式：

1. “电子商务”式。纵观近几年发生的网络传销，不少是以“电子商务”的外衣掩盖网络传销之实。不法分子首先注册一个电子商务企业，再以此名义建立一个电子商务网站，打出电子商务的旗号，以“网购”、“网络营销”等形式从事网络传销活动。近几年来的网络传销案80%左右都是这种名为电子商务网站，实为网络传销的形式。

2. “免费获利”式。2011年以来，社会上出现不少“免费获利”、“增值消费”式传销行为，宣称“消费不用花钱，免费购买商品”，“消费增值”、“循环消费”、“消费=存钱=免费”、“消费满500返500”等，欺骗性强，诱惑力很大，引起了不少人的兴趣，最终上当受骗。

3. “网上创业”式。“一边上网娱乐，一边上网赚钱”、“吃着火锅刷着微博，月收入10万元”的网络传销宣传十分诱人。一些网络传销分子抓住年轻人急于创业、渴望成功的心理，以“在家创业”、“网络创业”、“网络资本运作”、“网络投资”为诱饵，欺骗、引诱年轻人上当，从而达到发展会员进行网络传销的目的。

4. “网络博弈”式。以玩网络游戏、网上博彩为名，发展会员购买“游戏股票”、“幸运博彩”等游戏充值卡，以直销奖、销售奖为诱饵发展下线。

5. “爱心互助”式。某些网站时不时宣传一些有“特别功效”的生物保健品，宣称入会后就能便宜购买或返利，以此进行网络传销。一些传销人员，利用人们纯真的爱心和追求健康的心理，打着“关爱他人身体健康”的幌子，吸引人们加入健身保健联盟，达到传销骗钱的目的。

重要提示：

★摆正心态

不要相信“天上掉馅饼”，摆正心态。传销公司最常用的话是“让您在消费的同时赚钱”，这是鬼话，消费就是消费，赚钱就是赚钱。把消费当职业，永远也别想赚钱。

★不见兔子不撒鹰

诈骗最重要的目的是为了经济利益，所以涉及汇款的环节一定要慎重。不要给陌生人汇款。而如果上当受骗，也要尽快向公安机关举报，让专业的民警对这些证据加以侦查、梳理，便于案件的侦破。

★签订合同

商业界有一个规矩，那就是一切关系的建立都要签订合同。合同是保证双方平等互利的重要工具。如果对方丝毫不谈合同。甚至拒绝签合同，那他一定不地道，离他远点。

★审查资质

参加一家公司也好，接受一家公司的推销也好，首先应了解一家公司的资质和信用。一般可以结合以下方式来证实：

(1) 从其营业地的工商部门查询；

(2) 要求对方出示营业执照和组织机构代码证书；

(3) 要求对方出示开户许可证书；

(4) 要求对方出示税务登记证书和代理授权书。

★警惕陌生人

对于不识底细的人，硬是要向您介绍产品，尽量别理。

★网上广告勿轻信

在互联网上看到一些乱七八糟的广告，不要轻易相信。

（二）如何避免“一夜暴富”的心态？

【案例回放】“邀去旅游却进了传销窝点。等我意识到时，已被诱骗了几十万元积蓄，没有脸回家，只能硬着头皮往下骗。”面对记者的采访，54 岁的江苏盐城人郭某某满脸悔恨。郭某某于2011 年来合肥从事传销活动，去年5 月被抓获。“自己被骗后就去骗别人，每天的‘工作’就是给新人‘上课’洗脑，吹嘘自己从事的创业‘项目’如何如何能赚钱。回想起这些，我真对不起那些被我忽悠而上当的人！”郭某某说。

2013 年12 月4 日，一名传销“上线”被愤怒的“下线”河北人刘某扭进合肥五里墩派出所。几个月前，刘某的一位老乡告诉他，自己在合肥做“大买卖”，缺人手，邀其前来考察，一起发财。来合肥后，老乡带刘某到处“游玩”，对其进行洗脑。在强烈的刺激下，刘某动心了——不仅缴纳了6.98 万元的加盟费，还把妻子和孩子也拉了进来。不久后，刘某就意识到这是陷阱，想追回20 万元“加盟费”，但“上线”根本没钱退给他。

四川人张某，在前些年被老乡以介绍工作为名骗到合肥从事传销，不但自己上当，还害了亲朋好友，无颜回乡。为挽回损失，张某与4 人专门抢劫传销老总。近日，这几个人因涉嫌抢劫罪，被检察机关提起公诉。

传销就是利用一夜暴富的心理，控制下线，通过“洗脑”策略，以几何级数层层制造骗人者和受骗者，造成绝大多数参加者血本无归。去年12 月19 日，在滨湖世纪城的采访中，其社区负责人告诉记者，传销打着多种幌子骗人，尤其以“拉人头”的异地邀约传销危害最为严重，一些人员流落异地，甚至跳楼轻生，还有一部分人员生活无着落铤而走险，严重危害人民生命财产安全和社会稳定。花样不断翻新，其本质仍是“老鼠会”。

如果某一天有哪个好朋友或同学，在外地给您打电话，告诉您什么东西很赚钱让您过去的话，要提高警惕，防止是传销活动在拉人头！在采访中，一位曾陷入传销陷阱的无锡人贾某告诉记者，“传销教人用谎言邀约，向同乡、同学、同事、亲友下手，一般是以找工作、邀请游玩、投资项目、见面叙旧等为由，亲戚套亲戚，朋友骗朋友，被洗脑和控制后让人进退两难。”

“1040 工程”、“纯资本运作”等，是在传销中新出现的欺骗术语。2013 年 9 月，合肥警方摧毁一特大传销团伙时，发现该传销组织的入伙总金额由“69800 元”变成“48930 元”、名义也变为“民间互助理财”。为规避法律风险，这种传销经营模式的研发者，还将单一体系下线人数设定为不超过 30 人。为增加迷惑性，该组织重点发展离退休人员。

“只要您找 29 个人加入，一个月就可获得 6 ~ 10 万元保底工资，2 ~ 3 年就赚 1040 万元。这纯粹是骗人的把戏！”在滨湖世纪城，一位关掉建材商店来合肥传销的江苏吴老板告诉记者，他上了朋友的当，做了 62 天传销。“想想看，每个月要发展多少新人，交多少钱才能供养一个人最终赚到 1040 万元呢？理智地算一算，就知道是骗人的。传销就是编织美丽陷阱，让您丧失理性，然后去行骗。”吴老板说。

早些年，传销组织可以说肆无忌惮，活动甚至公开化。为了节约成本，他们租赁房屋会选择城乡结合部，睡觉打地铺，吃着白菜馒头，数十人甚至数百人在一起上大堂课，在屋子里拍手、唱歌、喊口号……外出时，经常会三五搭伙，走路左顾右盼。国家打击传销力度加大后，为了避免引人注意，传销组织也转移阵地，往往分散居住在高档小区内，而且制定了诸多规章制度。例如，外出不能结伴，见面不能打招呼，取消大堂课，等等。如果没人举报，很难发现其踪迹。

传销组织均会选择异地传销。例如，石家庄市新华公安分局最近打掉的一个传销组织，成员就来自陕西、湖南、山东等省份。组织者认为本地人有着地域优势，一旦发现被骗，可能会给整个传销组织带来麻烦。但总的来看，传销组织活动的地域由广西、山东沿海城市等“重灾区”开始向中西部转移。过去参与传销的人员基本以没有文化的低收入群体为主，目前来看，不少高学历、高素质人员也会被传销拉下水。最早的传销组织个别的有企业、有产品，有的产品甚至是“三无”产品，但是其形式是通过拉人头，发展下线赚钱。1998 年之后，传销组织想出了像“连锁经营”、“电子商务”之类的新名词，拉人头的时候标榜自己区别于传销，是国家鼓励的新兴商业。

传销之所以能骗人，最主要的是利用了人们一夜暴富、不劳而获等种种不良心理。“投资 3800 元一年可变 380 万！”您信吗？也许您会一笑了之，但被“洗脑”者却深信不疑。致富没错，但是被“洗脑”者相信暴富，以至于像吸食了鸦片烟一样，沉溺其中不能自拔。被骗之后，又去骗别人。

在“一夜暴富”的诱人外衣下，传销披着一层温情的外衣，让众多人落入陷阱，给和谐社会埋下了巨大的隐患。

重要提示：

★除不劳而获暴富心理

要想不被骗，首先要去除不劳而获暴富心理，不能为谎言所惑，不能盲听、盲信、盲从。不要相信世界上真有什么一夜暴富的神话，即使您相信有，而且确实有，您也要冷静地想一想，这些幸运之神，会不会眷顾您。

★不坑骗亲朋好友

要认清传销的特征，一旦发现被骗，要及时举报，不能执迷不悟，更不能以损害亲情、友情为代价，去构建自己不可能实现的发财梦。

★及时报警

一旦发现自己身陷传销，一定要想方设法果断离开，随后举报。

（三）如何避免“轻信亲戚”和“感情用事”？

【案例回放】 为了减轻家里的负担，在昆明上中专的21岁的黄某决定利用暑假挣点生活费。堂弟一句“陕西宝鸡的钱比昆明好挣”的话，让他陷入了一个传销组织。在经历了两天的非人生活后，黄某选择从2楼的窗口跳下逃跑，落地时不幸双腿粉碎性骨折。刚做完手术的黄某在讲述自己的遭遇时，忍不住泪流满面。

传销组织者擅长利用亲情、乡情、同学情，把善良的人们骗往人地生疏的异地，骗其入伙。稍有反抗，就采用恐吓、威逼、控制人身自由等非法手段，迫其就范。

重要提示：

★不感情用事

传销公司一般是熟人找熟人。有句话，叫朋友不言商。这句话有一定的道理，不要因朋友感情伤害了自己。有人只要朋友邀请，就什么都不问，不明不白地跟着干，结果陷入迷局，不能自拔。

★收集证据

当发现自己被骗参与传销活动后，要注意收集、保存汇款凭证，缴费收据，介绍人及更高级上线人员的姓名、电话、互联网账号、密码等相关证据线索，及时提供给执法机关，以便及时、准确地打击违法犯罪，保障自身的权益。

★机智应变，及时报警

如果被骗到外地，到达当地后对方绝口不谈工作、生意，而是带您游山玩水、熟悉环境，所谓放松；而且还要看您的身份证、借打您的手机。发现情况不对时，一定要机智、冷静应对，在确保自身安全的情况下设法逃脱。如果发现该组织从事传销活动的证据后，一定要拨打 12315 向工商部门举报，或打 110 向公安部门举报，或书写便条，向他人寻求帮助，让他人代为举报。

★积极举报

如果您发现了传销行为，或您是传销活动的受害者，应积极收集有关线索信息，包括传销活动的详细地点，传销人员尤其是骨干人员的住所、传销方式、宣传材料等，并尽快举报。

九　校园安全防范

（一）被敲诈勒索怎么办？

【案例回放】广西壮族自治区南宁市一名中学生被3名不法分子敲诈勒索后，不敢告诉父母，只好从家中偷钱给他们。让人不可思议的是，在长达1年多的时间里，该学生竟被敲诈勒索10多次，被敲诈金额达上万元。最终，该学生忍无可忍，愤而报案，3名不法分子因涉嫌敲诈勒索罪被南宁警方执行逮捕。

重要提示：

★避免争吵

要保持冷静，不要害怕，尽量说好话，说明自己没有钱，避免与他们争吵。

★求助

如果他们坚持要钱，顺势答应回家取钱，趁机跑掉，或者向认识的人、热心的人求助，实在没辙，抱住一个人大喊“救命”。回家后马上告诉家长，报案，避免第二天或一段时间内再被敲诈。

★不轻易反抗

如果一个人遭到挟持，对方有凶器，千万不要反抗，不要硬碰硬，把身上所有值钱物品都给他们，但是要记住对方的相貌特征，事后及时报案。

★结伴而行

放学回家结伴而行，不要单独上学放学。如果同行的一方被挟持，另一方要想方设法迅速报案。

★穿着朴实

穿着打扮要朴素，不张扬，不露富，不高消费，以免被不良少年盯上。

★上学放学尽量走大道，不走僻静小路

（二）宿舍被盗怎么办?

【案例回放】位于武昌区的某高校女生宿舍接连发生入室窃案，发案时间均在凌晨4时许，正是女生熟睡的时间。虽未有人身侵害，但午夜魅影让师生们感到极大的不安。武昌区警方现已将这名专门盗窃女生宿舍的窃贼抓获，破获系列窃案20余起。窃贼蒋某体重不过40千克，擅攀爬，但害怕挨男生的痛打所以选择女生寝室作案。

最早的报警是2013年10月10日早晨。几名女生起床后，发现钱包丢在挎包外，现金分文不剩。据警方统计，当天有5间女生寝室被盗，共丢失现金5000多元，无女生受到人身侵扰。现场勘查发现，窃贼是从外墙下水管道攀爬至过道小窗口进入楼内。警方督促学校加装、修复防护网，并加强了夜间巡逻。但在5天后，相邻一栋女生宿舍再次被盗，损失2000余元。警方加紧侦查，却一时无头绪。

2014年1月8日，许多学生已因寒假离校，雨夜中的一间寝室里，仅有一名女生就寝。凌晨4时30分许，这名女生突然被响动惊醒，慢慢睁开眼时吓得差点魂飞魄散，一名瘦小男青年正在床边东翻西找。该女生假装梦中翻身、咳嗽，欲将此贼吓走，不料对方若无其事般继续翻找，甚至一度在黑暗中对峙这名女生，直到10多分钟后从容离开。几分钟后，接到报警的武昌凤凰山派出所民警赶来，当即通知学校保卫部门封堵宿舍楼，逐层搜索，未见窃贼身影。

三起案件并案侦查，确认系同一人所为，均系攀爬外墙下水管道翻窗入室。视频监控显示，男青年约20岁出头，身材瘦小，身高仅1.65米左右。

经调取海量的视频监控信息，警方发现窃贼得手后四处游荡，混在早晨买菜和上班的人群中。每次作案后，他步行搭公交车过江，最后消失在江汉路一带。反查其作案前的来路，发现窃贼从东湖高新区藏龙岛某社区出门。民警将视频截图打印后，到该社区附近走访调查，终于查悉男子姓蒋，今年22岁，松滋人，且已溜回了松滋老家。1月16日晚7时许，蒋某在其松滋的家中被武汉民警抓获。

蒋某曾在武汉市一家快递公司送快递，干了一年多后，于去年8月辞职，并谋求来钱更快的办法——偷窃。送快递时经常出入武汉各大高校，蒋某对学校环境十分熟悉，且学生防盗意识不强。他把学生寝室定为作案目标。他个头矮小，体重仅40千克，身体灵巧如壁虎，攀爬能力极强，仅用2根手指便可将身体悬空。他选择女生寝室，一是担心进男生寝室作案被发现后挨打，二是他认定一般女生比男生更有钱。

警方初步查明，蒋某先后窜至江城10多所高校，攀爬外墙潜入女生寝室作案20余起，盗得现金2万余元。

常见的进入学生宿舍盗窃的方式有：

1. 顺手牵羊。即趁室主人不注意的时候，顺手盗窃财物。

2. 乘虚而入。即趁室内无人，房门未锁，窃贼入室。

3. 钓鱼。即深夜趁学生熟睡之时，用竹竿、树枝等作案工具钩走一层学生的衣物。

4. 撬门扭锁。此类窃贼胆大手狠，现场翻动较大，作案目标以携带方便的贵重物品为主。

5. 翻窗入室。此类窃贼与撬门扭锁者目标相近。

重要提示：

★锁好贵重物品

新生入学和开学时，学生带的现金多，宿舍串门的人多，注意保管好自己的财物。贵重物品最好锁在柜子或箱子里，以防顺手牵羊或被乘虚而入者盗走。

★关好门窗

住一层的同学，睡觉应注意关好门窗，将衣物远离窗户，防止被人“钩走”；最后一个离开宿舍的同学，记得关好门窗。

★避免借钥匙

宿舍钥匙不要随便借给别人或乱扔乱放。

★贵重物品做记号

对贵重物品最好有意识地做些记号，即便被盗，将来找回来的可能性也大些。

★提高警惕

对形迹可疑的人应当提高警惕，积极向宿舍管理员或保卫部门反映情况。

★一旦被盗，及时报警

宿舍财物一旦被盗，要保护好现场，不要让同学进入房间；如果存折、信用卡被盗，迅速到银行挂失，且立即报案。

★积极配合向公安部门提供有价值的线索，协助破案

★不要随便让不知底细的人留宿

（三）如何处理同学之间的纠纷？

【案例回放】2013年5月23日下午，达州宣汉县凤鸣乡中心学校初一学生晶晶（化名）喝下百草枯，发现后被送往宣汉县人民医院抢救。她的母亲一脸茫然，“为一件同学间的小事，咋就想不开要喝药？”

记者见到了躺在宣汉县人民医院病床上的晶晶，她双眼紧闭，显得很痛苦，母亲苟女士不停地为她抚摸胸口，“女儿一直在喊胸口痛，刚才还打了止痛针。”

苟女士说，23 日晚 10 点，她听见女儿呕吐。询问后，女儿说下午 3 点左右在家喝了百草枯（除草剂）。苟女士赶紧将其送往医院抢救。女儿告诉她，喝农药是因喝水问题与同学发生纠纷，对方说要收拾她，她想不开。“本来很小的事情，女儿咋就想不开呢?”苟女士很不解。“当时觉得自己受不了。”采访期间，不断被胃痛折磨的晶晶，向记者说了这句话后，没有说更多细节。看着被折磨的女儿，苟女士一脸茫然，“两天花了四五千块钱，如今家里已经没钱了。”

晶晶所在中学的邹校长介绍了相关情况。5 月 22 日上午，学校组织学生在操场看电影，坐在晶晶旁边的一名男生买了两瓶水给旁边两名女生，而没有给晶晶。“可能是晶晶觉得没面子，加之她心理比较脆弱，生了怨气。”邹校长说，这些都是同学间的小矛盾，而老师也没有发现。第二天晶晶请假没来上课，不料下午发生意外。

邹校长说，他是 24 日早上才听说晶晶出事的，随后立即赶到医院看望。昨日下午，他再次到医院看望晶晶，“目前要全力抢救孩子，争取不让她的病情恶化。”

一个人不可能与世隔绝地过一辈子，必然要和人接触，在人与人的交往中，不可能所有的人都像你的父母那样，对你宠让、迁就，总会发生摩擦、冲撞，尤其是在独生子女组成的群体里，同学之间发生矛盾是在所难免的。因此，切不可同学间稍有不愉快就委屈得不得了，也不要因噎废食，不再和同学接触，把自己封闭起来。

同学间发生纠纷的原因有以下七种：

1. 不拘小节；

2. 开玩笑过分；

3. 胡猜乱想；

4. 语言粗俗，骂人；

5. 妒忌他人；

6. 狂妄自大，目中无人；

7. 极端利己，不容他人。

如何处理同学间的纠纷呢？

重要提示：

★冷静克制

不可情绪激动，切记莽撞。

★诚实谦虚

认真听取他人的意见，自觉开展自我批评，宽容他人的过失，处理好相互间的纠纷。

★注意语言艺术

发生纠纷时，要尊重对方，说话要和气、文雅，不说粗话、脏话，更不能盛气凌人、强词夺理、恶语伤人。

（四）如何防止踩踏事件发生？

【案例回放】2013年3月28日下午，西工大附小组织学生到曲江海洋极地馆进行社会实践活动。当学生乘坐自动扶梯前往二楼极地馆时，由于自动扶梯发生故障，导致发生踩踏事件，造成16人受伤。

校园内外发生踩踏事件的特点：

1. 易发生事故的时间有下课、就餐、上操、集会时。

2. 易发生事故的地点有楼梯的转角处、狭窄的教室走廊、外出场馆扶梯等。

3. 易发生事故的群体集中在小学生和初中生，他们年龄小，自我保护能力较差，遇见意外事情容易引起恐慌，控制不了场面，容易造成伤亡。

4. 易发生事故的设施因素有：一是电梯和楼道狭窄，特别是楼梯的拐角处，容易引起拥挤，发生意外；二是建筑物设计不合理，一栋楼只有一个楼梯，不易疏散；三是照明不畅或停电等，也容易造成恐慌和拥挤。

5. 易发生事故的管理因素有：一是学生在上下楼梯时老师虽在，却疏导不力；二是上晚自习没老师值班，没人组织或疏忽学生下课；三是个别学生恶作剧，引起胆小的学生惊恐，你推我拥，场面失控，使惨剧发生；四是学校对学生和教师没有进行安全防范教育和当危险来临时的训练，无应对措施。

重要提示：

★加强内部安全管理

（1）制订预案。要制订《校园拥挤踩踏事故应急预案》，预案要有针对性和可操作性，并根据学校的发展不断完善。

（2）明确责任。学校要健全预防拥挤踩踏的各项安全管理制度，层层分解，落实到人。

（3）落实措施。加强值班，建立教师在学生集中上下楼梯时的值班制度。在学生集中上下楼梯时，要有值班老师组织疏导。倡导错开时间，分年级、分班级逐次下楼，强调安全第一，不强调整齐快速。另外，强化学校对晚自习的管理。学生上晚间自习时，必须有教师值班、干部带班；当停电或照明设施损坏时，要及时开启应急照明设备，同时带领班干部和值班教师立即到现场疏导。还要合理安排班级教室。学校要尽可能将班额大、年龄小的学生班级安排在底楼或较低楼层教室。

★开展安全教育

（1）安全意识的教育。学校要通过惨痛的拥挤踩踏事故案例，采用多种形式和途径，对学生开展预防拥挤踩踏事故的专题教育，提高学生安全意识。让学生充分认识到发生拥挤踩踏事故的主要原因和严重后果，掌握防范措施。

（2）安全行为的培养。培养学生上下楼梯轻声慢步并靠右行走的习惯，禁止追逐打闹。发现学生行为具有危险性时，应当及时告诫、制止，与学生的监护人沟通。同时，学校要定期组织学生开展应对拥挤踩踏事故的训练，提高学生防范能力。

★加强检查，完善设施设备

（1）定期检查。学校要对楼梯通道、照明设施等，定期检查，及时修理更换，消除安全隐患，对不符合国家有关规定的校舍、设施设备，及时报告当地政府和教育行政部门给予解决。

（2）确保通畅。学校应在楼道里安装应急灯，及时清理楼道、楼梯间等通道的堆积物，确保楼道、楼梯通畅。

（3）标志明显。学校要在楼梯台阶上画中间标识线及行进方向指示标志，在楼梯迎面墙壁上悬挂提醒学生上下楼梯注意安全的标志牌，楼道和楼梯的墙壁要有标明逃生方向的灯箱。

★楼道里要举止文明

在楼梯通道内，上下楼梯都应该举止文明，人多的时候不拥挤、不起哄、不打闹、不故意怪叫制造紧张或恐慌气氛；下楼的学生应该尽量避免到拥挤的人群中，不得已时，尽量走在人流的边缘。

★警惕拥挤，防止踩踏

（1）在拥挤的人群中，要时刻保持警惕，当发现有人情绪不对，或人群开始骚动时，就要做好准备以保护自己和他人。

（2）顺着人流走，切不可逆着人流前进，否则，很容易被人流推倒。

（3）发觉拥挤的人群向自己行走的方向来时，应立即避到一旁，不要慌乱，不要奔跑，避免摔倒。

（4）若陷入拥挤的人流时，一定要先站稳，身体不要倾斜失去重心，要用一只手紧握另一手腕，双肘撑开，平放于胸前，要微微向前弯腰，形成一定的空间，保证呼吸顺畅，以免拥挤时造成窒息晕倒。

（5）即使鞋子被踩掉，也不要弯腰捡鞋子或系鞋带，有可能的话，可先尽快抓住坚固可靠的东西慢慢走动或停住，待人群过去后再迅速离开现场。

（6）若自己不幸被人群拥倒后，要设法靠近墙角，身体蜷成球状，双手在颈后紧扣以保护身体最脆弱的部位。

（7）在人群中走动，遇到台阶或楼梯时，尽量抓住扶手，防止摔倒。

（8）在人群慌乱时，脚下要注意，千万不能被绊倒，避免自己成为拥挤踩踏事件的诱发因素。

★呼救

当发现自己前面有人突然摔倒了，要马上停下脚步，同时大声呼救，告知后面的人不要向前靠近。

（五）女生如何自我保护，免受猥亵或性侵犯？

【案例回放】2013年6月6日晚间从上海警方证实，上海市一所国际学校的一名外籍教师涉嫌性侵多名儿童。上海警方5月12日接到报案，5月13日对犯罪嫌疑人采取强制措施。此前，曾有7个家庭对他提出过正式指控，指控称其对男女儿童实行性虐待和强奸。有受害儿童家长称，孩子表现古怪，并出现神经衰弱等症状，总把自己抓伤。指控全部针对一名美国教师。目前这名美国教师已经因为类似指控而被引渡回美国。

事发校园由一所法语学校与德语学校共用，两校共1600名学生，年龄在3～18岁。一名外籍学生的母亲表示，她的孩子在入读学校不久便开始行动怪异。“我女儿开始精神失常，不停地抓挠脸部和大腿。”

北京青少年法律援助与研究中心曾对2006—2008年媒体报道的340个未成年人遭受性侵害案件进行专项调查分析，结果发现近些年来校园性侵害案件频繁发生，在340个案件中有50个案件发生在校园，其中有70%的作案者为教师及校长。多么令人震惊，发人深省！来自校园的性侵害案件，严重损害着未成年学生的身心健康，给受害者带来终身挥之不去的心理阴影，也败坏了教师的良好形象，社会影响恶劣，应当引起有关部门及学校的高度重视。

《中华人民共和国刑法》第二百三十七条规定：“以暴力、胁迫或者其他方法强制猥亵妇女或者侮辱妇女的，处五年以下有期徒刑或者拘役。聚众或者在公共场所当众犯前款罪的，处五年以上有期徒刑。猥亵儿童的，依照前两款的规定从重处罚。”

《中华人民共和国刑法》第二百三十六条规定：“以暴力、胁迫或者其他手段强奸妇女的，处三年以上十年以下有期徒刑。奸淫不满十四周岁的幼女的，以强奸论，从重处罚。强奸妇女、奸淫幼女，有下列情形之一的，处十年以上有期徒刑、无期徒刑或者死刑：（一）强奸妇女、奸淫幼女情节恶劣的；（二）强奸妇女、奸淫幼女多人的；（三）在公共场所当众强奸妇女的；（四）二人以上轮奸的；（五）致使被害人重伤、死亡或者造成其他严重后果的。”

《中华人民共和国未成年人保护法》第四十一条第一款规定：“禁止拐卖、绑架、虐待未成年人，禁止对未成年人实施性侵害。”

《中小学幼儿园安全管理办法》第三十五条第一款规定：“学校教职工应当符合相应任职资格和条件要求。学校不得聘用因故意犯罪而受到刑事处罚的人，或者有精神病史的人担任教职工。”

《教育部、公安部、司法部关于辽宁等地相继发生教师强奸、猥亵学生事件的情况通报》中明确要求：“一、坚决依法打击教师队伍中的性犯罪分子，严惩不贷……二、对事件相关责任人要严肃处理，决不姑息。学校对学生负有保护责任。校长是学校的第一责任人，负领导责任。学校管理松懈，发生教师性犯罪事件的，要坚决依法追究校长、教育行政部门领导和相关管理人员的责任，严重的要撤销行政职务和开除公职。学校发生危害学生的性犯罪案件时，要立即向上级和公安部门报告，积极协助公安、司法部门尽快侦破案件，惩办罪犯。对推卸责任、延缓上报的要追究学校领导的行政责任，对包庇罪犯、隐瞒不报的要坚决依法追究有关领导及相关责任人的法律责任。对于违反教师资格制度，造成被录用的不具备教师资格的人对学生进行性犯罪的，要从严从重查处徇私舞弊的相关责任人。学校每个教职工对学生人身安全都负有保护责任。对教师性犯罪知情不报的教师，丧失了作为教师的基本职业道德，要开除出教师队伍，永不录用……”

重要提示：

★正确引导

家长可以带孩子看相关的电影或书籍，让小孩对性不再无知好奇，引导孩子正确地对待性，发生侵害时，要及时和父母说，不该隐瞒。

★僻静处勿独处

家长告诉孩子放学后不要一个人独处，如放学后的教室、礼堂、实验场地和上课后的宿舍等；偏僻幽静处所，如操场角落、池边、湖畔、假山土墩、亭台水榭、树林深处等。

★警惕陌生人

家长告诉孩子不要跟陌生人去任何地方，让小孩看看类似的新闻报道，并正确地指导小孩，如何保护好自己。

★母子交心

让小孩相信自己，作为父母，你要时时关注孩子的心理变化，多花一些时间陪伴他们，让她们和你成为无话不说的朋友。

★来自色狼老师的手

对学生而言，来自教师的侵害行为往往让其防不胜防。当教师将犯罪的双手伸向自己的学生之时，其后果将是灾难性的。家长告诉孩子，就算是自己平时熟悉的老师抚摸或玩弄，甚至侵害自己身上小背心和短裤覆盖的地方，要及时告诉家长、学校校长或其他老师，不要害怕，也不要隐瞒，要学会保护自己。

★管理不严，学校有责

学校一旦发生猥亵或性侵犯学生的事件，学校有不可推卸的责任。学校缺乏对学生基础的性教育以及学校本身的应对机制不健全，对老师的管理松懈。发生此类案件时，学校应立即向上级教育行政部门和公安机关报告案情，防止更多的学生受害。

（六）如何远离网瘾？

【案例回放】因为妈妈不许上网，荆州市一名15岁少年从6楼坠下，导致腰椎以及右小腿骨折。2014年2月28日晚，这条发自荆州市第二人民医院骨二科主治医师的微博引起了网友的广泛关注。

记者在荆州市第二人民医院了解到，该坠楼男孩名叫汤伟（化名），现年15岁，记者在医院5楼骨科的重症室见到汤伟躺在最里端的病床上，身体被医疗护具所固定，其母亲情绪低落地坐在病床旁边。据观察，该男孩神志清醒。“我很累，不想多说。”

其母亲称，从儿子出事后，她就没有休息，一直在身边照看他。

当记者问及汤伟是否真的因为“妈妈不许上网”而跳楼时，汤妈妈低头不语，不愿多说话。记者经多方联系，虽没有了解到真实原因，但一名姓邹的邻居却道出了汤伟家的一些“秘密”。据邹先生透露，平日里，汤伟比较顽皮且网瘾很大，经常趁家长不在家，夜不归宿。有时候还以“买饭”为由向邻居借钱，拿到钱后就去网吧。因此，母子经常吵架。“肯定是吵了的。”邹先生说，事发当晚，他亲耳听到汤伟喊“妈妈开门”，随后便传来一阵争吵声。

如今，每年都有几千万的少年染上网瘾。因为网瘾少年和家庭发生的触目惊心的悲剧举不胜举，不仅严重危害青少年身心健康，还对社会造成不良影响。

如何判断孩子是否染上网瘾？可通过以下方面观察：

1. 对上网有强烈的渴望或冲动，想方设法上网。

2. 经常想着与上网有关的事，回忆以前的上网经历，期待下次上网。

3. 多次对家人、亲友、老师、同学或专业人员撒谎，隐瞒上网的程度，包括上网的真实时间和费用。

4. 自己曾经做过努力，想控制、减少或停止上网，但没有成功。

5. 若几天不上网，就会出现烦躁不安、焦虑、易怒和厌烦等症状，上网可以减轻或避免这些症状。

6. 尽管知道上网有可能产生或加重原有的身体或心理问题，仍然继续上网。

青少年网络成瘾的严峻性不能忽视。但要科学判断孩子是否染上网瘾，千万不要轻易给孩子贴上“网瘾”的标签，导致孩子产生逆反心理，反而真的使他上网成瘾。有可能您的孩子目前仅仅是有一些网瘾倾向，只要及时正确引导和有效干预，就会回到正常的网络生活轨道上。

面对孩子的网瘾，如何预防或采取措施？

重要提示：

★父母有责

父母必须树立没有问题孩子，只有问题父母的观念。孩子网瘾的直接责任人就是家长，预防网瘾，家长责无旁贷。

★不可忽略网络知识

家长要舍得投入，既要不断学习教养子女的专业知识，也要学习电脑网络知识。

★和谐家庭的重要

建立平等、信任、和谐的家庭关系，保持良好的家庭氛围，给孩子适度自由空间，让孩子心理上得到认同感和安全感。

★不能让孩子随意玩电脑

这样肆意一个假期后，是很难戒掉网瘾的。在对待孩子迷恋网络的问题上，父母一定要持之以恒，在任何时候都不能放纵自己的孩子。

★上网时间有限

规定上网时间以及上网的范围，最好让孩子在自己的控制下上网，避免孩子接触对身心健康不利的网站或各种网络游戏。

★正确培养兴趣

用适当的方式转移孩子的注意力，丰富孩子的生活，使其不再专注网络。鼓励孩子多参加户外活动，从而使孩子与社会保持接触，与他人和睦相处，满足他们正常的交往需求。安排一些游泳、打球、旅游、夏令营等活动，通过各种休闲活动，引导孩子，培养兴趣。以孩子的兴趣爱好为出发点，让孩子参加一些兴趣班，如绘画、演讲、阅读等，在增长知识的同时冲淡电脑对孩子的诱惑。

★目的明确

明确电脑并不是玩具，不能只作为娱乐使用。

★电脑使用权限

在公共区域或父母的专属领域摆放电脑，不可让孩子有独享电脑的感觉。

★家教观点有误

把握孩子成长教育的关键期，摈弃“树大自然直”的错误观念；多给孩子一些关注，了解孩子的需求，让孩子保持健康向上的心理状态。

（七）如何远离网恋早恋？

【案例回放】南充市西充县太平镇在校读初中的13岁少女小静（化名）离家出走。她谎称自己已经18岁，跟网上结识的“男友”同赴广东阳江市打工，让老实真诚的“男友”险些入狱。

2013年5月21日上午10时，西充县公安局刑警大队接到西充县太平镇人李霞（化名）报警，称其13岁的侄女小静五一节放假的时候离校后未返家，估计在西充县城逗留，至今未找到。

接到报警后，打拐民警立即向大队领导汇报，大队长当即指示立案侦查。通过了解，小静在西充太平中学读初中，从小跟随爷爷奶奶一起生活，由于是独生子女，平时老人又比较溺爱，因此性格刁蛮任性，特别是读初中后不服管教、经常夜不归宿。这次小静离家出走，本来家人以为她又只是在同学家玩几天，谁知半个月都过去了还是没见她回来，虽然在小静的同学口中打听到她的人身安全可以保证，但家人四处寻找依然无果，只得到公安机关寻求帮助。

民警从小静的朋友圈着手，很快掌握了她的动向。原来，小静离家出走后曾在西充县逗留了近一周，一直借住在朋友欢欢（化名）家。据欢欢透露，小静在老家太平镇网恋认识了在广东务工的网友王某（男，21岁，西充县人）。两人在网上认识时，小静就骗对方说自己已经18岁了，渴望出去打工，看看沿海城市的繁华，王某当然也希望将“虚拟世界”中的女友变成现实，于是在五月的一天回来将小静带去了广东省阳江市。

为避免“打草惊蛇”，民警让欢欢先尝试与小静沟通，告诉她家人的焦急和担心，希望她马上回家。可是小静告诉欢欢自己现在过得很好，并且马上准备在那边找工作安定下来。看来温情政策对叛逆的小静已不起任何作用，根据王某并不知道小静的实际年龄的情况，民警遂决定直接和王某联系，要求王某立即将小静送回家中，并到公安机关接受调查。王某在了解到小静的实际年龄只有13岁后惊吓不已，当即表示愿意配合公安机关工作，立即将小静带回西充县。

5月26日上午，王某带着小静出现在西充县公安局的门口，看见孩子回来，小静的家人激动得泣不成声，失踪一个月之久，又怎能不让他们心焦呢？王某愧疚地向民警和小静的家长深表歉意，没有想到自己一时兴起，居然让这个家庭承受了这么大的痛苦。小静的家人看王某为人老实真诚，也表示愿意不追究他的责任。事情终于有了圆满的解决。

原来小静是离异家庭的子女，母亲在其两岁多的时候就离开了，而父亲一直在外务工很少回家，跟随爷爷奶奶长大的小静，相比同龄的孩子缺少了父母的关爱。在13岁这个懵懂的年纪，异性的关怀像一缕阳光洒进小静的心田。小静因学习成绩不理想而产生了厌学情绪，继而要求王某将其带出务工，并欺骗王某称自己已经年满18岁。因小静已经1.65米高，个人形象显示出远超年龄的成熟，王某见到小静时根本没有怀疑其在网上告诉他的年龄，欣然将其带去了广东，并帮助小静找工作，根本没想到她居然还不到14岁。经民警细致的思想工作，小静认识到要想将来能找到好工作，必须现在认真学习。目前小静已返回校园。

网恋早恋这个词在当代已不再是个新鲜话题。然而，在中国，当父母知道自己处于青春期的孩子网恋早恋，大多数还是难以认同。青少年时期是孩子感情最脆弱、思想最活跃的阶段，他们的性心理和道德观念都还没有完全成立。孩子在这一阶段好奇心理强，求知欲比较旺盛，接受能力也比较快，但是他们对社会上的一些行为和现象缺乏判断能力，而且充满幻想与渴望。

网恋早恋的危害：

1. 网恋早恋有十大特点：隐瞒性、欺骗性、虚伪性、玩弄性、毒害性、堕落性、颓废性、危险性、毁誉性和短命性，经常上网的孩子不明其中的危害性，一失足成千古恨。

2. 直接影响孩子的心理健康，孩子心事重重，导致成绩直线下降。

3. 间接影响孩子生理健康，荷尔蒙分泌异常，导致孩子暴躁、叛逆甚至意外怀孕。

4. 直接影响您的家庭生活，双方父母焦急万分，错误的管教方法导致孩子状况更糟。

5. 影响孩子的成长及前途，导致孩子失去正确的人生观和价值观。

如何帮助青少年预防网恋早恋呢？

重要提示：

★要注意孩子的成长烦恼和需求

主动解除思想禁锢，不要谈“性”色变，对性知识和性心理要有科学的态度和正确的传授方法，要正视青春期孩子的性教育和性心理，才能在最佳时期预防孩子早恋。

当孩子进入青春期后，家长在对孩子进行性教育的同时，可以进行一些适当的性、恋爱、婚姻教育，先打打早恋的预防针。当发现孩子有早恋的苗头时，家长不要惊慌失措、如临大敌，要对孩子进行热情的帮助，给孩子讲道理，可以告诉孩子，德国伟大诗人歌德曾经说过，“哪个少年不多情，哪个少女不怀春”，喜欢心目中特定的异性是这个阶段的孩子都会发生的事，但这种喜欢只能保持在友谊的层面，不能称为“恋爱”。并告诉孩子不能早恋的原因，要教孩子自尊自爱，区分友谊与爱情的关系，适当地向孩子讲讲爱情的社会道德性和爱情的权利责任，使孩子对恋爱、婚姻有更进一步的认识。

★需进行相关的性教育

家长还可以与老师联手，针对不同年龄段、不同心理特征的孩子进行相关的性教育，不要把性看作洪水猛兽，要用平常心态，客观、公正地看待两性问题，教育和引导孩子树立健康的性观念，学习科学的性知识，培养自尊自爱的人格，创造自强自立的人生。

★积极参加集体活动

家长应鼓励孩子积极参加对身心健康有益的活动，以转移其注意力，发泄其充沛的精力。校内丰富多彩的集体活动，以及校外的旅游、交友、公益劳动等活动，既可锻炼身体，又可益智、养性。同时，鼓励孩子根据个人兴趣，发展个人爱好，如集邮、读书、写作投稿，使课余时间充满情趣与快乐，也许“早恋”的情感会适当减弱和转移。

★家长冷静对待，必要时求助

当家长发现孩子有早恋倾向、情绪和生活状态异常时，要冷静对待，切不可盲目地紧张和发怒，避免与孩子交流不畅。如果孩子对此一味固执和极端，家长不必和孩子争执，而是平静地告诉孩子父母愿意在任何时候帮助他，必要的时候，家长还可以求助心理医生和心理咨询机构。

十 家庭暴力安全防范

以暴力、胁迫或者其他方法严重危害人身安全的犯罪为暴力犯罪，它具有两个基本特征：一是其行为手段的性质不单是暴力的，包括胁迫性或者具有其他严重危害性；二是其行为对象只能是人，包括人身和心理。家庭暴力是暴力犯罪的一种形式。

据调查，20世纪全世界有25%～50%的妇女曾受过丈夫或男友的虐待，而在一些国家，这个比例高达75%。在中国，家庭暴力也不同程度地存在着。全国妇联的一项最新抽样调查表明，在被调查的公众中，有16%的女性承认被配偶打过，14.4%的男性承认打过自己的配偶。由于根深蒂固的传统观念，加上相应的法律措施还不完善，家庭暴力的发生屡禁不止。女性是家庭暴力中最大的牺牲者已经成为不争的事实。什么样的妻子最容易受暴力侵害？据一份资料显示，发生暴力最多的家庭是工人、农民家庭，但在知识分子家庭中，同样存在家庭暴力，一些大学教授或博士也存在打老婆的行为，而从年龄段来分析，中青年夫妻最易发生家庭暴力，在农村的老年女性受到家庭暴力的现象也比较突出。

家庭暴力的主要表现形式：一是肉体上的伤害，如殴打、体罚、捆绑等，称为“身体暴力”；二是精神上的折磨，如威胁、恐吓、讥讽、限制人身自由、肆意凌辱人格等，称为“冷暴力”或“精神暴力”；三是婚内强奸，如性虐待、在婚姻关系中违背妇女的意志施加暴力的性行为，称为“性暴力”。造成家庭暴力四大主要原因有：夫妻感情不和、家庭经济压力、第三者插足、大男子主义等。

在4128名调查对象中，占62.7%的施暴者具有大专以上文化程度。有文化知识、收入较高的夫妻在家庭暴力中，一般不表现身体暴力，而使用冷暴力的更多，其次是性暴力，后两者具有隐蔽性。例如，有一对夫妻平时看起来日子过得挺幸福，看不见吵架打架，也听不到什么绯闻，突然有一天他们离婚了，只剩下一个人的身影，基本见不到另一个人了，很可能出现了家庭冷暴力，最后才无奈选择了“无声的分手”。

（一）家庭中发生身体暴力怎么办？

【案例回放】 现年29岁的张某跟随33岁的丈夫江某到深圳打工，因为丈夫来到深圳后一直没有找到固定工作，生活压力使得丈夫的脾气越来越坏。有时丈夫在外面喝酒后，回到家里就会动手殴打妻子。

一天，两人又因为一点琐事吵了起来，并且越吵越凶，江某一怒之下跑进厨房，拿出一把菜刀对着张某劈头盖脸地砍了过来，将张某身上多处砍伤，并随后将上来劝阻的张某妹妹的头部和肩部砍伤（经鉴定，两人均为轻伤）。伤害了妻子后，江某立刻深感懊悔，便到福田区某村的治安联防队投案。法院判处丈夫江某构成故意伤害罪，但因有自首情节，被从轻判处有期徒刑两年。

重要提示：

★察言观色

在您没有结婚的时候就要观察男友有没有暴力倾向，一方面看男友父母的关系或父母与其的关系，父母关系不和谐或男友老与父母吵架，甚至动手；另一方面看男友对自己的态度，如果未婚时就好动手打人，您最好理智地“逃婚”。

★杜绝第一次

在婚后一旦有第一次身体暴力，您绝不能示弱，不可以忍受暴力。许多恶性的家庭暴力案件，都是因为妻子一再退让，而导致丈夫肆无忌惮。丈夫有一次暴力行为轻易得逞，而后您又忽视，往往还会有第二次、第三次……的暴力行为，且会逐渐升级，愈演愈烈。任何一种婚姻模式都是自己创造的，任何一种保护措施也是自己争取的。无法抗拒丈夫的暴力时，离婚不失为一种理智的选择。

★收集证据

当身体受到伤害后，要重视收集有关证据。例如，医院诊断证明、医疗费用收据、受伤部位拍照的照片、血迹衣服、有关证人证言、对方作案工具等。

★留意热线号码

平时留意有关妇女权益组织的信息及热线电话，必要时可向有关机构求助，如居委会、丈夫的单位等。也可以寻求专门的法律服务和帮助，全国妇联法律援助中心已经正式启动，全国妇联妇女维权热线“12338”和全国妇联反家暴热线“16838198”。

★及时报警求助

紧急情况下，拨打“110”报警，求助警方解决。我国公安部、全国妇联等七个部门已经联合出台《关于预防和制止家庭暴力的若干意见》，明确规定将家庭暴力报警正式纳入110出警工作范围，并按照《110接处警规则》的有关规定，对家庭暴力求助进行及时处理。

★了解相关法律知识

2005年发布的《中华人民共和国妇女权益保障法》第一章第二条规定：“妇女在政治的、经济的、文化的、社会的和家庭的生活等各方面享有同男子平等的权利。”“国家保护妇女依法享有的特殊权益。禁止歧视、虐待、残害妇女。”国家采取有效措施，为妇女依法行使权利提供必要的条件。第五条规定：“国家鼓励妇女自尊、自信、自立、自强，运用法律维护自身合法权益。”

2001年发布的《中华人民共和国婚姻法》第一章第二条规定：“实行婚姻自由、一夫一妻、男女平等的婚姻制度。保护妇女、儿童和老人的合法权益。”第三条规定：“禁止包办、买卖婚姻和其他干涉婚姻自由的行为。禁止借婚姻索取财物。禁止重婚。禁止有配偶者与他人同居。禁止家庭暴力。禁止家庭成员间的虐待和遗弃。”

目前，相关地方性保护妇女、儿童和老人的法规也相继出台。例如，青海省从2006年1月1日起正式施行《青海省预防和制止家庭暴力条例》。

★要爱护自己，珍惜生命

有些受到家庭暴力的妇女法制观念比较淡薄，受暴后往往不报案，不求助，原因各有不同。例如，为了给孩子留下家庭和睦的印象；为了生活，担心自己没有工作，孩子又小，离异后孩子和自己遭罪；为了爱自己的丈夫和孩子，希望等到丈夫醒悟爱自己的那一天；为了享受有钱人的日子，这种人家庭结构多为丈夫挣大钱养家；还有一些甚至不知道什么是家庭暴力、丈夫的施暴是违法的，不知道还有妇女庇护所这样的机构等。家庭暴力中的受害者大多数经济较为困难，使她们难以用法律武器保护自身权利，一直默默地独自承担着来自肉体上和精神上的痛苦。她们的无知和无奈，助长了家庭暴力的蔓延和上涨。只有自觉地拿起法律的武器，才能保护自己，使妇女走出家庭暴力的阴影。

★通过法律援助

您在第一次受到家庭暴力后，绝不能示弱，可以通过朋友疏导、亲戚讨论等方法，让对方知道您不可以忍受暴力。若您的配偶施暴是由于心理变态，在紧急情况下，要拨打110报警，尽快寻求保护，并找心理医生和亲友帮助，设法强迫他接受治疗。若您的配偶多次施暴，就要拨打148热线或法律援助中心热线，向社区妇女维权预警机构报告。各街道、居委会将通过法律援助站或法律援助点，帮助您避免遭遇侵权。受到严重伤害和虐待时，要注意收集证据，如医院的诊断证明、亲戚朋友的证言、伤害工具等，以受到伤害或虐待为由提起诉讼。若您的配偶屡教不改，向法院提出离婚是最佳选择。

★其他救助中心

反家庭暴力一直是国家政府对此关注的问题，需要全社会的努力，并共同承担起保护受到家庭暴力威胁和伤害的妇女的责任。

除了司法援助之外，家庭暴力救助中心、反家庭暴力医院、受暴妇女庇护所等也建立起来了，为这些受到暴力伤害的妇女提供食宿，进行伤情鉴定、医疗救治、心理咨询、法律宣传和技术培训等。近来，北京铁营医院成立了国内第一家反对家庭暴力行动的医疗机构，北京、青岛、江苏等地成立了“家庭暴力伤情鉴定中心”，为司法机关提供了确凿的伤害证据。

只有树立起男女平等的观念，妇女们经济独立了，才能让反家庭暴力的观念深入每一个家庭、每一个人，家庭暴力的悲剧才有可能阻滞和减少。

（二）家庭中发生精神暴力怎么办？

精神暴力，又称家庭“冷暴力”，具体表现为：夫妻一方对另一方经常性地威胁、恫吓、辱骂造成对方精神疾患的；以伤害相威胁，以损害家具、伤害动物、打骂孩子相恫吓造成对方精神恐惧、安全受到威胁的；为达到精神控制的目的对配偶经常性地当众或私下恶意贬低、羞辱、挖苦、奚落、嘲笑、谩骂致对方不堪忍受的；经常刁难、干涉、猜疑、阻止限制对方行动自由，影响对方正当工作生活的；公开带第三者回家同居羞辱配偶的。

据统计，广州市妇联在每周二、周五接待的法律咨询个案中，十个有九个是关于家庭婚姻方面的咨询，而有关精神虐待、故意冷落对方、故意用言语刺激对方等的“冷暴力”行为就占一半以上。但是，现在仍有相当一部分人认为，只有武力暴力才算是暴力；而对于深层次地从精神上、心理上或间接地体现出来的暴力问题依然认识不足。据研究者表明，在家庭暴力案件中，精神暴力最多，身体暴力次之，性暴力发生比率最小。

俗话说：“家丑不可外扬”，家庭里的事情很多女性都不愿意公开，为了维护一个完整的家庭，她们面对家庭的“冷暴力”，一般不会选择警方介入，也不会在短时间内选择离婚。

重要提示：

★保持冷静

如果您发现自己的配偶开始出现“冷暴力”倾向，无论任何时候千万不要大吵大闹，那样会适得其反。您一定要保持冷静，也许您很愤怒，但还是要努力使自己内心平静下来，这样才能冷静地分析夫妻之间的矛盾所在。

★客观分析

您需要一支笔和一张纸，把您在生活中有可能激发对方“冷暴力”的问题一一列出，哪怕是最小的可能也不放过，然后再把跟您无关的因素也列出来，同时再把您的配偶的性格特点也写出来，看看是什么原因刺激他（她）对您实施“冷暴力”的。

★主动交谈

当您准备好平静的心情和分析好所有的原因后，您就应该主动提出谈话。谈话要在没有第三者的场合下，要开诚布公，把一切有可能的问题都摆在桌面上。您需要的是对方对您同样开诚布公，如果仅仅是家庭内部矛盾或源于您的矛盾，这种谈话气氛有90%以上解决问题的可能。如果是您配偶本身的问题，像有外遇什么的，这样也能有助于让您了解事情的真相，或者说，至少让您明明白白地知道自己所受的委屈和失败是因为什么。

★暂时小别

要是你们之间仅仅是处在一个较长时间的“冷战”阶段的话，暂时的出差将是一个非常好的办法，但要记住，分开的时间别超过一个月，您回到家后，也千万别分居，那样就什么都说不清也继续不下去了。

★主动抉择

是和是散，在您进行分析的时候就应该有个决定了，当你们谈话之后，您就更应该知道怎么选择。从心理感受来讲，您主动做出的选择要比您被动接受的选择好很多，尤其是由对方造成的问题，您主动原谅会表现您的大度，您主动分手会比对方有更好的回旋余地。

（三）家庭中发生性暴力怎么办？

家庭中的性暴力对象是夫妻俩，中老年人对于突然的性暴力袭击肯定会产生恐惧心理，如果您不去控制，这样的心理状态会导致身体的生理变化，外界刺激由感官传到大脑，引起胸下腺分泌激素，进而刺激肾上腺分泌肾上腺激素到血液，致使心律加速、呼吸急速、血压升高、肌肉紧张、口干舌燥、瞳孔放大、肢体颤抖。犯罪分子希望您是这副模样，他的犯罪行为借机得逞。说到克服和控制恐惧心理，还是有些难度的。这就需要平时要有意识地进行心理训练和防护技能训练，提高心理素质。

心理训练可以采用想象的方法，假想自己在不同的场所遭遇性暴力，遇见什么样的犯罪分子？使用什么样的器物？在什么环境发生？时间是白天还是晚上？您自己运用什么方法和手段来保护自己？

还可以多看报、看新闻、看互联网有关案件的报道，借鉴他们成功的案例，利用他们提供的措施，反复思考若我遇见这种情况该怎么办?

重要提示：

★了解有关法律法规

中国内地已有多部法律明确禁止对妇女和儿童的家庭暴力及包括性暴力在内的其他暴力形式。这些法律有《中华人民共和国婚姻法》、《中华人民共和国妇女权益保障法》、《中华人民共和国未成年人保护法》以及《中华人民共和国刑法》等。除了法律规定，一些政策文件也将禁止家庭暴力和性暴力反映在有关保护妇女和儿童的方针政策中，如《中国妇女发展纲要(2001—2010年)》、《中国儿童发展纲要（2001—2010年)》等。

★大声呼救

面对性暴力犯罪，一般情况下，在反抗的同时，一定要大声呼救，寻求他人的帮助。尽快拨打110报警电话或向亲朋好友电话求助。若您被关闭在一个较为封闭的环境中，就算您把喉咙喊破也没人来援救。

★拨打110报警

拨打110报警或请求居（村）委会及所在单位予以制止。

2008年9月，由中宣部、公安部、全国妇联联合下发的《关于预防和制止家庭暴力的若干意见》，将家庭暴力纳入“110”出警工作范围。公安机关和居（村）委会的介入为性暴力犯罪行为提供了重要证据。

★准备好物品

随时将自己简单必要的物品（身份证、钱、衣物等）准备好，一旦发现丈夫有施暴可能，带着日常用品迅速离开他，避免与对方发生直接冲突，找一个安全的地方暂时回避（如亲友家等）。

★面对丈夫性暴力，出手也要狠

面对丈夫性暴力，您不反抗用招，受伤害的多数是您自己。女性本来胆小、力量小、反应慢，在与男人悬殊的情况下，若您出手不狠，击不中或击中无效，就失去了“打机”，反而引起丈夫的变本加厉。

★寻求心理支持

如果发生性暴力事件，首先要取得亲友及有关组织的支持。说出您的经历，周围许多姐妹、同事、好友会帮助您，有关基层组织、妇联、公安、司法机关会支持您，讨论寻找制止暴力的好办法，并且还会劝导、说服您的丈夫接受心理医生的治疗。

★请求公安机关依法处罚

对实施家庭暴力或虐待、遗弃家庭成员的行为，可请求公安机关依照治安管理处罚法规定予以行政处罚。例如，实施性暴力严重构成犯罪的，您可依照《中华人民共和国刑事诉讼法》相关规定，向人民法院提起自诉，或者向公安机关报案，公安机关立案侦查后，由人民检察院依法提起公诉。

十一 饮食卫生安全防范

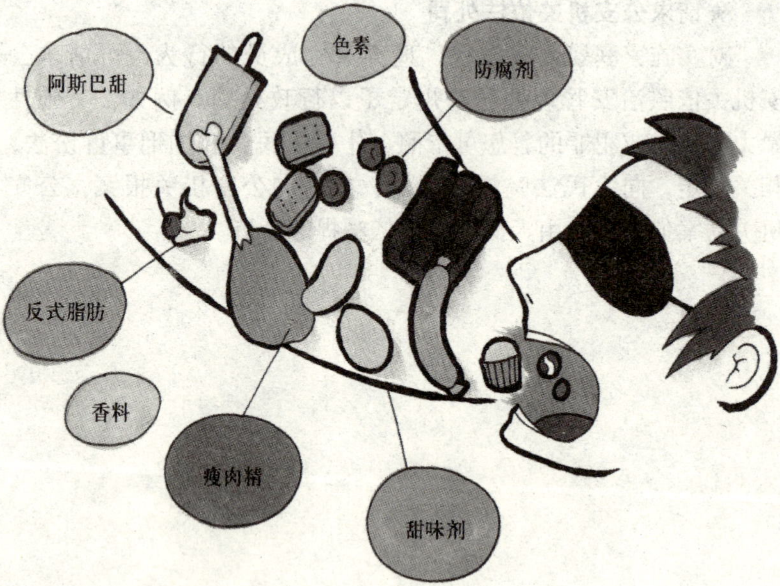

（一）如何防止食品污染？

【案例回放】2010年，山东省媒体爆料了“一滴香”的食品污染事件，号称“只需一滴，清水就能变高汤”，市面上充斥着“一滴香”字号的食品调料非常多，如“一滴香”麻油、“一滴香”白酒、“一滴香”芝麻酱等。实际上“一滴香”是通过合成反应及化学品直接调和的方法做出来的一种食品添加剂，是通过化工合成的有毒物质，食用后会损伤肝脏，还能致癌。

所谓食品污染，是指食品被外界一些有害物质污染，造成食品安全性、营养性、形状发生变化，从而改变或降低食品原有的营养价值和卫生质量，并对机体产生危害的过程。食品污染贯穿在食品的生产、加工、储存、运输、销售以及食用的整个过程之中。根据导致食品污染的物质种类的不同，可以分为：

1. 由微生物（细菌、霉菌、病毒及其毒素）、寄生虫及其卵、昆虫等导致的生物性污染。由于食品加工以及存放受时间、温度、pH等外界环境的影响，易引起污染，致使食品腐败变质，腐败变质的食品如果继续食用可引起发病，如食用霉变花生、玉米等可致癌。

2. 由农药、兽药、有害金属、致癌化合物、食品添加剂等导致的化学性污染。例如，食用激素导致儿童性早熟、毒鼠强致人中毒死亡、工业废料污染食品、食品添加剂滥用以及包装材料对食品的污染等。

3. 由尘埃、杂质、放射性元素以及电磁辐射等导致的物理性污染。主要是以半衰期较长的137铯和90锶对人体健康危害较大。

根据食品污染风险的等级不同，可以分为三级：第一级，低度风险，主要包括原材料；第二级，中度风险，包括半成品和货架食品；第三级，高度风险，包括即食食品。

食品污染造成的危害：急性食物中毒，对机体的慢性危害，以及对人体的致畸、致突变和致癌作用。例如，免疫功能抑制或兴奋反应；精子生成、形态、数量异常；甲状腺癌、乳腺癌、白血病、肺癌、肝癌等。

食品污染预防的基本原则：

1. 行政层面。积极开展食品卫生宣传教育，制定和完善食品卫生法律、法规和国家卫生标准，加强食品卫生监督，完善食品现场快速监测手段，坚决制止和控制不合格食品、原料、包装袋、盛装容器等进入流通环节。

2. 企业层面。树立食品生产安全意识，严把食品生产、加工、储藏、运输流程卫生质量关。

3. 个人层面。注意饮食卫生，积极参与维权监督，选购正规食品加工企业产品。

如何预防食品污染呢？

重要提示：

★预防食品生物性污染

（1）严格按照食品卫生要求加工处理食品，从而改善食品风味，延长食品可供食用的期限，便于携带、运输，防止食品腐败变质。

（2）科学地选择食品抑菌、灭菌措施，包括低温冷冻、高温杀菌、脱水与干燥、腌渍和烟熏、辐照等，将食品中的微生物杀灭或减弱其繁殖能力，或者延长微生物每代繁殖所需的时间，从而达到防止食品腐败变质的目的。

★预防食品化学性污染

（1）严格遵守并执行有关农药的安全使用规定，限制农药的使用剂量，严禁使用高毒农药（甲胺磷、对硫磷等）。

（2）制定农药在瓜果蔬菜的最大残留限量标准，加工时选用符合农药残留标准的原材料或采用一些有效措施去除农药。

★预防食品放射性污染

（1）加强对放射性物质的管理，防止放射性核素在采掘、冶炼、浓缩以及使用过程中对环境产生的污染。

（2）严格管理放射性污染源，加强对放射性废弃物的处理与净化，防止食品受到放射性物质的污染。

（3）强化食品放射性污染的监测，严格执行国家卫生标准，防止被放射性污染的食品进入人体。

（二）如何防止食物中毒？

【案例回放】2014年3月30日，陕西省米脂县的两位村民在县城某大酒店宴请宾客，次日部分用餐者感觉身体不适，4月1日症状逐渐加重，出现呕吐、腹泻、发热、发软等症状，医院初步诊断为食物中毒，共接诊疑似食物中毒患者62名。

食物中毒是指摄入了含有生物性、化学性有毒有害物质的食品或把有毒有害物质当作食品摄入后出现的急性、亚急性、非传染性疾病。食物中毒分为细菌性食物中毒、化学性食物中毒、动植物性食物中毒。

食物中毒发病的特点：

1．发病潜伏期短，来势急骤，呈暴发性。

2．发病与食物有关，中毒者在相近时间内均食用过某种相同的可疑中毒食物，未食用者不发生中毒。

3．中毒病人临床表现基本相似，一般表现为急性胃肠炎症状，如腹痛、腹泻、呕吐等。

4．人与人之间无直接传染。

容易引起食物中毒的食物：

1. 容易被细菌污染的食物有肉、鱼、蛋、乳及其制品，如熟肉制品、凉菜、剩余饭菜等。

2. 被有毒化学物质污染的食物有被农药污染的蔬菜和水果、受有毒藻类污染的海产品等。

3. 自身含有天然有毒成分的食品有河豚、毒蘑菇、腐烂变质的青皮红肉的鱼类（如金枪鱼、青鱼、池鱼等）。

4. 在某一特定环境下能产生有毒物质的食品有发芽的马铃薯，霉变的甘蔗，未热透的豆浆、四季豆、杏仁、木薯、鲜黄花菜等。

如何预防食物中毒呢？

重要提示：

★普及常识

开展食品卫生宣传教育，普及食品卫生常识，养成良好的个人卫生习惯。

★加强培训和监督

加强对食品从业人员食品安全和食品卫生方面法律、法规的教育培训；做好食品加工、销售环节的卫生监督。

★做好食物鉴别

注意挑选和鉴别食物，不要购买和食用有毒的食物，如河豚、毒蘑菇、发芽土豆等。

★高温消毒

烹调食物要烧熟煮透，做好的熟食要立即食用，储存熟食的温度要低于7℃，储存时间不要超过24小时，经储存的熟食品在食用前要彻底加热。

★冷热分开

避免生食品与熟食品接触，不能用切生食品的刀具、砧板再切熟食品，生、熟食物要分开存放。

★彻底清洁

食品在食用前要彻底清洁，尤其是在生吃蔬菜瓜果时要清洗干净，蔬菜加工前要用清水浸泡5~10分钟，再用清水反复冲洗。

★个人卫生

饭前、便后要洗手，不吃生食，不喝生水和不洁净的水。

★密封保存

食品要储藏好，避免昆虫、鼠类和其他动物接触食品。

★选择正规、合格餐饮企业

选择有《食品卫生许可证》的餐饮单位就餐，尽量不在无证排档就餐。

★不食有毒食物

不随意食用不熟悉、不认识的动物、植物（野蘑菇、野果、野菜等）。

★熟悉不同食品储存最佳温度

鲜鱼宜在-3℃保存；肉类在2~5℃可冷藏一个星期；桶装和瓶装啤酒宜在0~5℃保存，而瓶装熟啤酒则应在10~25℃保存；鲜牛奶冷藏的最佳温度为2~4℃；茶叶在-20~10℃温度下储存可防止品质变差；酒类储存的最佳温度为5~20℃；储粮的最佳温度为8~15℃；冻鱼在-3℃以下不易变质；鸡蛋宜在15℃以下保存；地瓜在15℃以上保存；马铃薯在2~4℃保存。

★不吃腐败变质的食物

（三）如何避免食用过期的食物？

【案例回放】2014年农历正月十五，在西班牙生活的华人陈女士一家五口在家里欢度元宵佳节，陈女士特意去买了从中国运来的蔬菜、食物和海产品。做饭时，她发现海产品颜色不太对，应该是红色的，但有点发黄了，当时觉得不会有太大问题，就多煮了一会儿。吃完饭当天晚上，全家先后出现发烧、上吐下泻的现象，医生说是食用过期海鲜导致食物中毒。

保质期，又称最佳食用期，国外称之为货架期，指食品标签在指明的储存条件下，保持品质的期限。保质期由生产厂商自己决定，表示在此期限内食用口味最佳；而且保质期也是法律责任的一个界定点，即在此期限之前，商场可以合法销售，有任何质量问题，由生产者负法律责任。在适宜的储存条件下，超过保质期的食品，如果色、香、味没有改变，在一定时间内仍然可以食用。另一种叫保存期，即产品可食用的最终日期，在保存期之后，食品会发生品质变化，产生大量致病细菌，如果食用，则有可能导致食物中毒。所以，过了保存期的食物，必须做丢弃处理。

常见食品的保质期：

1. 乳品。新鲜乳品冷藏保质期通常是 7 天，如果暴露在常温下，几小时就会腐败变质。

2. 奶粉。马口铁罐装密封充氮包装为 24 个月，非充氮包装为 12 个月，玻璃瓶装为 9 个月，塑料袋装为 6 个月。

3. 食用油。通常的保质日期是 18 个月，这是以包装未开封为前提的，开封后食用油的保质期会相应缩短，最好 3 个月内食用完。

4. 米面。米面的保质期在常温下是 6 ~ 12 个月不等，如果在北方，只要不放在高温潮湿的地方，储藏条件也正常，可以延长到 24 个月。

5. 酒类。11° ~ 12°的高级熟啤酒为 4 个月，普通熟啤酒为 2 个月，10. 5°的熟啤酒为 50 天，果酒为 6 个月，汽酒为 3 个月。

6. 面包。一般冬季为 7 天，春季为 3 ~ 5 天，夏季为 1 ~ 2

天，因为含有水分，如果保存不当，可能隔天就会发霉。

7. 蛋类。没有固定的保质期，3～5周内一般都是没有问题的，可是蛋类每过一个星期，质量就会下降一个等级，必须尽快食用。

重要提示：

★细看保质期

看生产日期、储藏条件和保质期，确保在保质期之内食用完毕。

★外观包装

看食品包装外观有无破损、胀包、霉变，散装食品要看颜色、闻气味、尝口感、摸手感。

★冰箱不是保鲜柜

冰箱不等于保鲜柜，长时间存放冰箱的食物也会变质，应避免长期存放。

★尽快食用

食品包装一旦打开尽快食用，尤其是肉食、牛奶、大豆深加工食品、酸奶等。

（四）如何养成良好的饮食习惯？

【案例回放】德国埃朗根大学研究人员对7000名志愿者的日常饮食习惯进行了长期跟踪，结果显示，习惯不吃早餐的人占到40%，而他们的寿命比其余60%的人平均缩短了2.5岁。另一所大学在对80～90岁老年人的研究中发现，他们长寿的共同点之一是每天吃一顿丰盛的早餐。

饮食习惯是指人们对食品和饮品的偏好，包括对饮食材料的偏好、烹调方法的偏好、烹调风味及佐料的偏好；饮食习惯是饮食文化中的重要元素。世界各国人们的饮食习惯由于受到地域、物产、文化、历史等因素影响而呈现多元化。人体必需的七种营养素是：蛋白质、脂肪、碳水化合物、无机盐、维生素、纤维素和水。人体的一切生命活动都离不开这些营养素。当人体缺乏某种营养素时，生命活动的正常性就会受到影响，出现消瘦、虚弱、抵抗力下降、功能障碍、疾病乃至死亡等异常情况。因此在日常生活中我们应养成不偏食、不挑食、不暴饮暴食的良好饮食习惯，使我们能够获得全面而均衡的营养。良好的饮食习惯是保健的一个重要方面，可使身体健康地生长、发育，同时对疾病的治疗也有很好的促进作用；不良的饮食习惯会导致人体正常的生理功能紊乱，从而感染疾病。

如何养成良好的饮食习惯呢?

重要提示：

★三餐规律

一日三餐规律饮食，定时定量，使胃肠道有规律地蠕动和休息，从而增加食物的消化吸收率，使胃肠道的功能保持良好状态，减少胃肠疾病的发生。三餐有别，早吃好，午吃饱，且均以低糖低脂高蛋白为佳；晚餐适量，以高碳水化合物为佳；少吃零食。

★低盐饮食

严格地把每天盐的摄入量控制在 5 克以下，这是世界卫生组织建议的每日食盐摄入量。我国人均食盐摄入量为每天 10 克以上，部分地区人均高达 18 克。医学研究发现，盐的摄入量与高血压、胃癌等病的发病率呈正相关。

★少食动物内脏

熘肝尖、爆腰花、辣肥肠、毛血旺、爆肚等都是以动物内脏为原料的传统名菜，口感极佳；动物内脏相对于其肌肉所含的蛋白质、维生素、矿物质等更加丰富。但研究也发现尤其动物的肝脏、肾脏内有毒有害物质含量也远高于其他部位，且动物内脏中含有较多的脂肪和胆固醇，容易诱发或加重动脉粥样硬化。

★少食油炸食品

油炸食品是我国传统的食品之一，无论是逢年过节的炸麻花、炸春卷、炸丸子，还是早餐的油条、油饼，以及儿童喜欢食用的炸鸡腿、炸薯条、炸薯片等，无一不是油炸食品。油炸食品因其酥脆可口、香气扑鼻，能增进食欲，所以深受许多成年人和儿童的喜爱，但经常食用油炸食品对身体健康却极为不利。卫生部公布了《食品中丙烯酰胺的危险性评估》报告，提醒居民改变吃油炸和高脂肪食品为主的饮食习惯。美国加利福尼亚州要求麦当劳、肯德基等快餐店必须用警告性标签标明其炸薯条、薯片中丙烯酰胺的含量。

★少食腌制食品

在腌制蔬菜的过程中，维生素 C 被大量破坏，大量吃腌菜，会导致人体维生素 C 缺乏；腌制的酸菜中含有较多的草酸和钙，食用后会被大量吸收，在肠道内形成草酸钙不易被排出体外，在体内结晶沉积，形成结石；腌制食品中的硝酸盐和亚硝酸盐可与肉中的二级胺合成亚硝酸胺，导致胃癌。

★少食卤制品

卤制品色香味美，但制作卤肉或卤菜时加入的肉桂、八角、丁香、花椒等香料不但药性温燥，容易让人上火，而且由于其中含有一定量的黄樟素，有一定的诱变性和毒性，容易致癌；所以，患有感冒、发烧、炎性疾病和慢性肝病者应少食卤制品。此外，卤制品为了防腐都要大量加食盐，若食盐量不足细菌就会大量繁殖，使食品中的亚硝酸盐含量增加，进而产生与腌制品同样的致癌物。

★少食熏烤食品

烤串、烤鸡、烤鸭、熏鱼等，由于特殊的制作过程，确实有一股喷香扑鼻的味道，但是熏烤的鱼、肉以及“烤煳”、“烤焦”的食品中含有多种芳香烃，具有致癌性。据卫生防疫部门抽样检测，在有烟情况下熏制的羊肉串，特别是肥羊肉串，由于在熏烤过程中油滴落在木炭上，燃烧后释放出的致癌物含量更高；再加上一些游商小贩食品卫生观念淡薄，原料保存不善而变质。有些制串用的竹棍未经消毒，反复使用，容易感染病毒和细菌；有些用生锈的废铁条或旧自行车条串制肉串，自行车条含铅，经过烤制后，车条中的铅可渗透在食物中，危害健康。

（五）如何保证日常生活的饮食卫生？

【案例回放】2003 年 8 月，重庆市綦江县一名“寿星”在酒店摆了 45 桌生日宴，当晚至次日，先后有 39 人出现上吐下泻、腹痛等中毒症状。市卫生局经过流行病学调查、食物中毒个案调查和临床诊治情况分析，初步判定这起中毒事件是由于食用不洁凉菜，导致沙门氏菌感染。

饮食卫生，是指在食品的培育、生产、制造直至被人摄食为止的各个阶段中，为保证其安全性、有益性和完好性而采取的全部措施。

重要提示：

★聚会分餐，干净卫生

分餐是对别人和自己生命健康的负责和尊重，分餐的根本在于公共餐具（公勺、公筷、公共刀叉）的使用。

★餐具抹布，及时消毒

经常清洗的抹布也会滋生大量细菌，应用开水煮沸消毒、阳光下暴晒消毒或清洗后微波炉消毒。

★生吃瓜果要洗净、去皮

瓜果在生长过程中不仅会沾染病菌、病毒、寄生虫卵，还可能有残留的农药；如果不清洗干净，不仅可能染上疾病，还可能造成农药中毒，所以要用凉水浸泡，用流水清洗。此外，瓜果部分腐烂，就不宜再吃，即使把烂掉的部分切掉，剩余的部分也已通过果汁传入了细菌的代谢物，甚至还有微生物开始繁殖，其中的霉菌可导致人体细胞突变而致癌。

★养成洗手好习惯

养成良好的个人卫生习惯，饭前、便后要洗手。人的双手每天接触各种东西，会沾染病菌、病毒和寄生虫卵等，经常洗手，才能减少“病从口入”的可能。

★不购买三无食品

不购买三无食品、饮品，三无即指食品无产地、无生产日期、无保质期。

★不吃剩饭菜

三餐饭菜量要适中，尽量不吃剩饭菜；如果食用，应彻底加热，剩饭菜是细菌的良好培养基，不彻底加热会引起细菌性食物中毒。

★不吃霉变的食物

霉变的粮食、甘蔗、花生等，其中的霉菌毒素会引起中毒或致癌。

★不喝生水

注意饮水卫生，不喝生水（除非特别标注可直饮）。旅途饮水以开水和消毒净化过的自来水为最理想的饮用水，其次是山泉和深井水，江、河、塘、湖水千万不能生饮。无合格水可饮时，可用瓜果代水。

十二 身体锻炼与健康安全防范

（一）如何正确使用社区健身器械？

居民在享受小区健身器材带来便利的同时，一定要根据自己的身体状况选择适合的健身器材，这样才能真正达到锻炼身体的目的，如果健身器材使用不当，很可能导致肌肉、关节、韧带损伤，甚者可能引起心脑血管疾病的发生。首先，使用社区健身器械之前，先要了解健身器械的使用方法、性能以及注意事项，这样才能更好地指导我们科学地锻炼；如果不假思索就随便选择健身器械，不仅会影响锻炼效果，甚至可能使身体受到伤害。其次，使用健身器械前要做好热身准备，尤其是在周围气温较低时。热身活动的活动量要以全身各个关节活动持续 10 分钟左右及少量出汗为宜。另外，要将健身器械训练与其他运动结合，或者几种健身器械交替使用，避免由于长时期使用单一健身器械而造成某一肌群过度运动的损伤。在健身器械使用中要注意配合呼吸。使用健身器械要有针对性地做好个人防护，尤其是中老年人或有骨骼肌肉损伤病史者，如佩戴护腕、护膝、护腰、护踝、护肘等，以及穿着适于运动的鞋及衣物。

重要提示：

★使用太空漫步机，提高心血管耐力

太空漫步机集漫步、慢跑、静止骑车三种运动于一身，类似自然跨步动作，主要锻炼臀部及腿部肌肉群，提高手脚协调能力，增强心肺功能，提高心血管耐力；但要掌握好摇摆的幅度，最好控制在 45°左右，频率控制在每次 3 秒左右，幅度过大易导致髋关节损伤或背部肌肉拉伤。

★使用健骑机，改善颈椎病

健骑机属于全向运动，适用年龄广泛，简单易学。使用时坐在座板上，双手拉动手柄、同时双脚踩动踏脚，做往返运动，从而将整个身体拉伸，以达到活动全身各部位关节的目的，能增强上、下肢的肌力和胸部肌肉，并能锻炼腰腹部肌肉和按摩内脏，增强消化系统和心脏功能。运动时注意动作幅度不宜过大，速度不能过快，头向后仰，尽量使身体后伸，此举有助于预防和改善颈椎病，很适合那些经常伏案、颈肌和腰肌都有劳损的人锻炼。但如果病情已经发展到椎间盘突出的话，要谨慎使用这类器械，最好先咨询医生。

★使用跑步机，提高心肺功能

户外跑步机能提高心肺功能，对肌肉和骨骼也有很好的锻炼效果。运动的时候眼睛要看前方，不要突然扭头，更不要回头，否则会让你失去平衡，不要在跑步机上倒跑，或者做一些危险动作。上机后，要循序渐进进行运动，坚持并保持轻松心情，呼吸顺畅，双臂用力摆动，根据自己要达到的目的或年龄来掌握速度和运动时间。因户外跑步机多采用不锈钢滚轴，脚底感觉较硬，对膝关节冲击力较强，膝关节有病变者慎用。

★使用腹肌板，增强腰腹肌力

腹肌板是健身、瘦腹、锻炼腹肌（腹直肌、腹外斜肌、腹内斜肌）的健身器械，可以增强腰腹肌力量与弹性，对消除腹部多余脂肪与赘肉效果明显。锻炼时，腰要始终躺在板上，头朝下的时候，下颌收紧，双手向两侧打开，摸耳朵，不要抱头，头和肩要始终离开面板，用腹肌收缩使上背部离开面板再缓慢还原。练习时，身体尽量放松，不要晃动。

★使用单杠，提高胸腹肌力量

单杠能够提高上肢力量，使胸廓发达，并提高胸腹肌力量；老年人做单杠的目的主要是为了刺激肌肉，老年人没必要做得太快太猛，不必尽百分百的努力。对于腰椎间盘突出症的人，可以在单杠上做手臂适度屈曲，脚着地，做半个以上体重的垂吊，其功用相当于垂吊牵引。在单杠上一个引体向上都做不了的老年朋友，手不要放在单杠上垂吊，谨防肩关节脱臼。切记循序渐进，量力而行。

★使用坐蹬器，增强下肢力量

坐蹬器能够增强下肢力量，提高下肢关节的稳定性。锻炼之前，应充分活动踝、膝、髋关节，锻炼时腰背部要贴在靠背上，双腿蹬伸时上体保持正直，目视前方，依靠双腿的力量蹬离座椅。此运动对下肢屈伸障碍、肌肉萎缩、风湿性关节炎、坐骨神经痛、踝关节扭伤等有治疗和康复作用，但对那些本来就患有髋骨软化症的老人来说，则不宜进行这项运动。

★使用扭腰旋转器，改善协调能力

扭腰旋转器能够改善机体的协调能力，使肌肉、韧带放松，调整脊椎，增强旋转功能。运动时须控制扭动旋转幅度、动作轻柔而有节律、速度缓慢，频率控制在15~20次/分钟为宜，适用于缓解肩、背、腰部肌肉酸痛和麻木僵硬不适，对腰肌劳损、腰椎间盘突出症有辅助治疗作用。

（二）如何预防春季疾病？

【案例回放】家住重庆市的阎先生，连续咳嗽半个月不见好，去医院检查竟是肺结核病。2014年3月24日是第19个“世界防治结核病日”。医生提醒，早期结核病患者会出现咳嗽咳痰，易在春天复发，但很多患者容易误认为是感冒或支气管炎，从而导致误诊。

春季是冷暖空气频繁交汇的时期，天气多变，忽冷忽热，若不注意健康保养，很容易患上流行疾病。腮腺炎、百日咳、猩红热、肺结核、麻疹、水痘等呼吸道传染病的发病率较高；心脑血管病，如高血压、冠心病诱发心绞痛以及心梗等疾病也易在这个时段高发；消化性溃疡、慢性腰腿痛等慢性病，也会因气候的变化而导致旧病复发、病情加重或恶化。所以，在这个天气多变的季节要采取相应的措施来防范各种身心疾病的发生，尤其是那些患有慢性病的患者。

我国民间自古就有“春天猴儿面，一日变三变”的谚语。在一年四季当中，春季的温度、湿度、气压、气流等均表现出变化无常。

“春多风病”，这是对春季的气候及与气候相关的致病因素特征总的描述。中医认为“风性开泄”，风邪能使人腠理疏泄、毛孔开张，表现为出汗、恶风等症；“风为百病之长”，是指风邪常为外邪致病的先导，凡寒、湿、燥、热等病邪均可依附于风而侵犯人体。所以进入春季，病菌大量繁殖，易侵袭机体，从而引发各种呼吸系统疾病及春季传染病。

春寒，即所谓的“春冷透骨寒”、“春寒冻死牛”。春寒虽然不像寒冬腊月里的“三九、四九”那样寒冷，但由于人们穿着的变化和精神上准备不充分，再加上自身机体抵御寒邪的能力有所下降，导致寒邪乘虚而入，使人致病。所以春季，尤其是早春，气候仍然寒冷、干燥，直接影响呼吸道黏膜的防御功能，病菌、病毒等致病微生物乘虚而入，侵袭人体，易引起流脑、流感、流腮等呼吸道传染病以及病毒性肝炎、伤寒等肠道传染病。此外，心脑血管疾病、消化系统疾病、老年性疾病等也易在春季因气候的变化而发病或加重。

重要提示：

★不要早脱厚衣物

老百姓常说的“春捂”，即在春季气温刚刚转暖时，不要过早脱掉棉衣，要使自身体温调节与外界温度处于相对的平衡状态。

★春季宜养肝

五行学说中，肝属木，与春季相对应，在草木生发的春季，肝气最为旺盛，是养肝护肝的好时机。因为肝具有主藏血、主疏泄、主筋的功能，所以养肝重点从调畅情志、健脾助运、舒筋通络三个方面着手。

★吃些温补食物

在饮食方面，应多吃些温补阳气的食物，如葱、姜、蒜、韭菜、芥末等。研究表明，大蒜不仅有很强的杀菌作用，还能促进新陈代谢，增进食欲，预防动脉硬化和高血压，甚至还有补脑的功效。大葱有很高的营养价值，同时还可预防呼吸道、肠道传染病。

★少吃性寒食物

饮食中应少吃性寒食品，如黄瓜、茭白、莲藕等，以免阻止阳气生发。

（三）如何在夏、秋、冬季保健养生？

【案例回放】常女士买了一张新凉席，可是用了几天后，身上突然长出小水泡，医生告诉她，那是凉席上的螨虫叮咬所致。天气湿热，螨虫十分容易在草席或竹席上大量繁殖，睡在草席或竹席上，裸露部位的皮肤就会遭到螨虫的叮咬，从而引发红肿、瘙痒的皮疹症状。螨虫病的治疗并不难，只是由于奇痒难忍，病人常常会抓挠，容易抓破皮肤，引起继发感染。所以被螨虫叮咬后，如果出现瘙痒症状，应及时到医院进行抗过敏治疗。

现在有不少人每天为工作、生活而奔波劳碌，感悟不到生命的真正意义，不懂得养生，固然可能与工作压力太大有关，但也与他们缺少传统文化修养有关。中国古代的养生之道，试图把对生命价值的理解贯彻到生活和工作的每一个细节中去，时时把握生命的节奏，事事确保身心的和谐，力求做到时时养生、处处养生。

元代忽思慧所著的《饮膳正要》一书中说："春气温，宜食麦以凉之；夏气热，宜食菽以寒之；秋气燥，宜食麻以润其燥；冬气寒，宜食黍以热性治其寒。"这是古人四季养生的概括。

重要提示：

★夏季养生

（1）"夏气与心气相通"，夏季与心的五行配属均属于火，心对应"夏"；"心主神志"，夏季心阳最旺，所以养心要重视"静养"，保证正常休息时间、并适当午休。

（2）"汗为心之液"，所以夏季勿剧烈运动，更忌大汗淋漓，以免汗出伤阴、伤血，进而伤阳，而且运动之前的两小时应补充500ml 液体。

（3）长夏湿气重，宜健脾化湿，并避免坐卧湿地。

（4）在饮食调理方面，夏季属火，易耗气伤阴，宜滋阴、健脾、益气，饮食宜清淡。例如，绿豆粥滋阴清热，生姜及薏米粥健脾益气。

（5）忌食寒凉之品，如冷饮、田螺、螃蟹、鸭蛋等。

★秋季养生

（1）肺喜润恶燥，秋季宜多吃生津增液、养阴的食物，如梨、藕、银耳、百合、无花果以及鸭肉、龟、鳖、蜂蜜、蔬菜等以润燥养肺，而那些辛辣、煎炸食物宜少吃或不吃。

（2）特别要注意饮食清洁卫生，保护脾胃，多进温食，节制冷食、冷饮，以免引发肠炎、痢疾等疾病。

（3）晨起以粥食为主，如百合莲子粥、银耳冰片粥、黑芝麻粥等。秋季应季水果较多，苹果、猕猴桃、石榴、柿子、香蕉、甘蔗、葡萄、大枣等均少食有益。

（4）秋季运动宜选择轻松平缓、活动量不大的运动，如慢跑、徒步、登山、自行车等户外运动。对于膝关节不好的人，可以选择骑自行车等对膝关节负担较小的活动，或者携带手杖进行徒步运动，以减少对膝关节的损伤。

★冬季养生

（1）冬季是储藏精气的季节，宜温阳散寒、补精益肾。冬季气候寒冷，“寒主收引”、“寒主痛”，易导致寒凝经脉、气血不畅，从而使机体关节出现疼痛；特别是那些严重威胁生命的疾病，如中风、心梗、高血压病。

（2）冬季养生要注意温阳散寒。例如，艾灸涌泉、肾俞、足三里等穴位。在饮食方面，狗肉、羊肉、鹅肉、大豆、核桃、红薯、萝卜等均是冬季适宜食物。

（3）冬季宜“早卧迟起”。早睡可养阳气，晚起可固阴精，即冬季宜适当地增加睡眠时间，有利于人体阳气的潜藏和阴精的积蓄，使人体达到“阴平阳秘，精神乃治”的健康状态。

（4）冬季适当运动，不仅可以调养肺气，提高肺脏的功能，而且有利于增强各组织器官的免疫功能和身体对外界寒冷刺激的抵御能力。宜选择个人所能承受的运动，在运动锻炼前做好充分准备活动，以防运动损伤。运动至周身发热尚未出汗即可停止，切勿大汗淋漓。运动时不要穿得过少，切忌穿汗湿衣服在冷风中逗留，以免着凉。

（四）如何在家安全地用药？

【案例回放】某女士为了活血化淤，服用了含40余味中药的方子，结果导致肝腹水、肝硬化。另据报道，目前我国聋哑患者约有2770万，居残疾人之首。在后天性耳聋中，药物性致聋发生率竟占40%；而在药物引起的耳聋者中，3岁前发病为50%，7岁前可达82%。其元凶是氨基糖甙类药物，如链霉素、丁胺卡那霉素、庆大霉素、妥布霉素及核糖霉素等，它们通过摧毁毛细胞与螺旋形神经节，从而使听觉传导系统受到严重损害，并致人耳聋。医学家为了提醒人们重视，便将它们称之为“耳毒性抗生素”。

俗话说：“是药三分毒”，“治病也致病”。家庭安全、合理用药至关重要。根据中国非处方药物协会公布的一份调查结果显示，中国约有70%的家庭存在自我用药不当的问题，超过一半消费者不知道自我药疗应首选非处方药（OTC），很多人把去痛片等处方药与非处方药混淆。世界卫生组织统计资料显示，全球有一半的药物被不合理使用，死亡人口中有1/3死于用药不当。在我国，每年因药物不良反应住院的有250多万人，不合理用药约占总数的11%～26%，因药死亡者近20万人。其中，药物成瘾、致畸、致盲、肝肾损害、致细胞突变等药源性疾病的发病率已达30%。家庭用药的安全关系着每个人的身体健康，不容小觑，日常用药更要警惕药源性疾病。

自我药疗，是指在没有医生或其他医务工作者指导的情况下使用非处方药物，用以缓解轻度的、短期的症状及不适，或者用以治疗轻微的疾病。所以，首先要弄清处方药和非处方药的区别。所谓处方药，是指需要经过医生处方才能从药房或药店得到并在医生监控或指导下使用的药物。国际上通常用 Prescription Drug 表示，简称 R（医生处方左上角常见到的 R）。处方药一般包括：刚上市的、对其副作用需要进一步观察的、有依赖性的、毒性较大的、必须由医生确诊并在其指导下使用的。非处方药，是指那些消费者不需要持有医生处方就可直接从药房或药店购买的药物。国际上常用的术语有：Nonprescription Drug，Over the Counter Drug，简称 OTC。非处方药常用于：感冒、发烧、咳嗽、消化系统疾病、头痛、关节疾病、鼻炎等过敏症、营养补剂（如维生素、某些中药补剂）等。

重要提示：

★处方使用，关注有关事项

学会看医生写的病历、处方药品服用方法，处方药切记遵照医嘱服用；对于非处方药，要学会看药品说明书，尤其要关注药品说明上的注意事项。

★抛弃用药的一些错误观念

（1）贵药肯定比便宜药疗效好；

（2）西药副作用大，中药没有副作用；

（3）根据自己或旁人的所谓“经验”买药、吃药。

★改正用药的不良习惯

（1）用药不规律，随意增减药品用量；

（2）多药并用（有些药物配伍反使药效降低）；

（3）服用过期药品；

（4）成人药品给孩子服用（由于小儿肝、肾等脏器发育不完全，有些药物对脏器损害严重）；

（5）滥服补益药品。

（五）如何保持心理健康？

【案例回放】老王退休在家，不久，老伴病逝，老王难以适应退休后的独居生活。因为和儿媳妇不太合，老王的独子也不常来，情感需求得不到满足，被隔离、冷落的心理感受逐渐滋生，最终导致心理障碍，求助于医生。

据世界卫生组织报告，全世界抑郁症患者超过两亿人，有20%的人口存在心理卫生问题和精神障碍。据联合国统计，自杀居意外死亡之首。在发达国家，心理疾患已成为社会熟知的疾病。在美国，每年有0.6%的人加入精神分裂症的行列，30%的人曾经接受过心理治疗，每年由于心理压抑给美国公司造成的经济损失高达3050亿美元；在法国，健康投资在20年中增加了10倍，费用超过购买食品的费用，镇静药每年使用1亿多盒，平均每人每年两盒。

世界卫生组织对健康的定义：健康不仅是指躯体没有疾病，还包含心理上和社会适应上的良好状态。心理健康是指个体对环境的高效而满意的适应。在这种状态下，人的生命具有活力，人的潜能得到开发，人的价值能够实现。

心理健康的标准：

1. 有适度的安全感，有自尊心，对自我的成就有价值感。

2. 适度地自我批评，不过分夸耀自己也不过分苛责自己。

3. 在日常生活中，具有适度的主动性，不为环境所左右。

4. 理智、现实、客观，与现实有良好的接触，能容忍生活中挫折的打击，无过度的幻想。

5. 适度地接受个人的需要，并具有满足此种需要的能力。

6. 有自知之明，了解自己的动机和目的，能对自己的能力作客观的估计。

7. 能保持人格的完整与和谐，个人的价值观能适应社会的标准，对自己的工作能集中注意力。

8. 有切合实际的生活目标。

9. 具有从经验中学习的能力，能适应环境的需要改变自己。

10. 有良好的人际关系，有爱人的能力和被爱的能力；在不违背社会标准的前提下，能保持自己的个性，既不过分阿谀，也不过分寻求社会赞许，有个人独立的意见，有判断是非的标准。

重要提示：

★生活乐观

要时刻保持乐观的情绪。要热爱生活，善于在生活中寻找乐趣，即便再枯燥的工作也要带着情趣去做，享受奋斗历程中的快乐。

★排除不良情绪

善于排除不良情绪。遇到不顺心的事，别闷在心里，要善于把心中的烦恼或困惑及时讲出来，使消极情绪得以释放，从而保持愉悦的心情。

★助人为乐

积极参与公益活动，经常帮助别人。助人为乐，是一种高尚美德，其作用不仅使被帮助者感受人间真情，解决一时之难，也使助人者感到助人后的快乐。

★心胸宽广

多替别人着想，善待别人，心胸宽广，以谅解、宽容、信任、友爱等积极态度与人相处，从而得到快乐的情绪体验。

★兴趣广泛

要有广泛的兴趣爱好，如书法、绘画、体育、旅游、音乐等，全身心地投入其中，享受其间的乐趣，既能增长知识，又能广泛交友。

★笑对生活

要微笑面对生活，培养生活中的幽默感。除了严肃、正式的场合外，在与同事、朋友乃至家人说话时，适当地采用幽默的语言，对活跃气氛、融洽关系都非常有益。

★传播正能量

传播正能量，与周围环境和谐相处。要不断学习，努力适应社会，不断提高自己的适应能力。

十三　儿童安全防范

（一）独自在家怎么办？

【案例回放】2013 年 5 月 15 日上午 9 时 43 分，火炬区一名 3 岁男孩因家中无人照看，爬上房间窗户的防盗网玩耍，不慎坠下，胸部以下悬空室外，头被卡在防盗网处，所幸路人上楼施救，将男孩身体拉住，后由消防员救出。曾在 4 月份，中山市板芙镇也曾发生一起 4 岁小男孩从 10 楼坠落的人间惨剧。

在假期里，很多家庭的父母需要出去工作，家中只有孩子一人。遇到这种情况时，父母一定要跟孩子嘱咐清楚，并要求孩子牢记：当你独自在家时，千万要注意安全，特别是不要轻易开门。

2009 年暑假的一个上午，某市一社区工作人员对小区的小朋友做了一个测试：他（她）们扮成多种陌生人，对这些“留守”娃娃进行了检测，结果 11 名小朋友中 7 人轻易把门打开。轻易地给陌生人打开房门，是错误的行为。那么，独自在家的小朋友遇到有人敲门，应该怎么做呢？

重要提示：

★第一步，隔门观人

轻轻地走到门口，从门镜里看看你是不是认识门外的人，如果是自己的家人，可以把门打开让他们进来。但如果看不清楚，就要隔着门问清楚来人的身份，如果是陌生人，就一定不要开门。

★第二步，任何身份都不能轻信

如果门外果然是陌生人，但是他们穿了一身工作服，说自己是修理工、是电话局或收水费的工作人员等，你可不要轻易相信他们，因为这是犯罪分子常用的伎俩。这时候，你可以向他们说明家中不需要这些服务，或是暂时不方便开门缴费，稍后家长会自行缴纳费用，并请其离开。

★第三步，打电话确认

如果他们不是穿着工作服的工作人员，而是说自己是爸爸妈妈叫来接你的朋友或同事，那你也不要轻易相信，赶紧给爸爸妈妈打个电话确认清楚，问清楚姓名、长相，都确认了以后再开门。

★第四步，亲戚也要确认

还有一种可能，要是他们上来就说：我是你远房大爷的七大姑或八大姨等亲戚，这么长时间都没看见你了，真乖，快给我开门，我给你带礼物了。你也不要为了礼物轻易开门，除非你真的认识他们，并且可以确定是你的亲戚，那就开门迎客；如果你从来就没见过他们，也没有什么印象，那就要记住，不管他们手上提了多少东西，说了多少甜言蜜语，也千万不要开门，也许他们提的是迷魂药，说的都是为了迷惑你的假话呢。你可以跟他们说，爸爸妈妈不在家，等他们回来以后再邀请他们来家里做客。不要怕因此得罪了人家，如果他们真的是你的亲戚不但不会怪你，还会称赞你安全意识高呢。

★第五步，报警或呼救

如果家门口的陌生人怎么都不肯离去，一定要进你家的话，你也不要惊慌，可以给爸爸妈妈打电话说明情况，让他们赶快回家。还可以吓吓他们，说你要打电话报警，或者大声呼叫，向邻居求援，俗话说得好，“远亲不如近邻”。这个时候你的邻居会出来看看的，心虚的犯罪分子肯定会马上离开。

★第六步，锁好门

你一定要记住，自己一个人在家的时候，首先要做的事情就是锁好防盗门。这样，只要你按照上边所说的一步步做，不开门，陌生人是绝对没有办法伤害你的。

★另外，注意以下几点：

（1）如果接到陌生人打来的电话，不要透露现在就你一个人在家的情况。

（2）晚上开灯后，要拉上窗帘，不要让人从窗外看到只有一个儿童在家的情景。不带同学来家里，但可以与同学通电话。

（3）当窃贼已经溜进家中，不要盲目反抗，也不要盲目呼救。要切记：保护生命不受伤害是第一位的。

（4）家长要教儿童如何报警。报警的电话是“110”，要详细、清楚地说明家庭地址，若见到了坏人，要讲清楚坏人的特征，如性别、身高、胖瘦、脸型、发型、身上明显的标记，等等。

（二）遇见陌生人搭讪怎么办？

【案例回放】2013 年 7 月 8 日下午 2 时，在成都市某小区门口，8 岁的可可被一名中年妇女诱拐走了。旁边的人回忆起中年妇女好像认识小男孩似的，听见陌生人对孩子说他妈妈晕倒了，要带他去医院找妈妈。

有媒体报道，中国每年失踪儿童数量高达 20 万，这个数据相关专家虽认为有待考证，但每当说到孩子的安全时，都能牵动家长们的心，安全教育也是家长们最关注的问题，家长们平时应该对孩子进行怎样的安全教育？在家长心中，自己的孩子究竟是否容易被不认识的人“忽悠”呢？

重要提示：

★保持距离

遇见陌生人搭讪时，首先要和对方保持一定的距离，然后再对话。

★拒绝要求

如果遇到陌生人问路或要求带路时，应该向对方表示："我是孩子，请您去问大人。"如果遇到陌生人提出种种要求，比如，"我是爸爸妈妈的朋友，来接你。"或者"你一定很爱帮助人，我想请你帮个忙"等，要马上保持高度的警惕，拒绝陌生人提出的要求。

★拒绝诱惑

如果陌生人给予种种诱惑，如给你好吃的食品或带你去玩，应当礼貌地拒绝，并立即远离他。也就是说，不吃陌生人的东西，不跟陌生人走，是保证自己安全的关键。

★大声呼救

如果遇见陌生人跟踪自己时，应设法走到人多热闹的地方摆脱他。一旦发生搭讪的陌生人侵害自己时，要大声地向周围人呼救，说自己不认识他，寻求救助。

（三）被宠物咬伤怎么办？

【案例回放】2014 年 3 月 20 日 9 时，刘女士带着 7 岁的儿子一鸣（化名）回娘家吃饭，"一鸣平时要参加很多课外培训，哪怕周末也没有时间过来，这次是特意调整好时间回来见孩子姥姥的。"刘女士说，距离上次带孩子回娘家，好像已经过去两个多月了。

一鸣看见姥姥家小土狗长大了，特别新奇，扔下书包就跑过去抚摸。

"当时我光顾着和我妈聊天了，就没看清他干啥去了。"刘女士说，她是听见儿子一声惨叫，才知道儿子被狗咬了。刘女士说，一鸣先摸了两下小狗，小狗没反应，可就在摸第三下的时候，小狗一扭脖子就朝一鸣右胳膊上咬去。

“还好，小狗只有7个月大，儿子的胳膊上只有牙印，没有出血。”刘女士说。

一鸣胳膊上的伤口虽然没有出血，但有两排齐整的牙印。刘女士在母亲的建议下，还是带着儿子去了吉林大学第一医院。在急诊室里，医生给一鸣的伤口进行了消毒清洗，在征求了刘女士的意见后，给一鸣注射了狂犬疫苗。据刘女士的母亲讲，自己家的土狗是一只母狗，最近一段时间，那只小土狗开始发情咬人，并变得很胆小，她也不知道咋回事。

随着天气转暖，小区内、公园里，到处都是孩子的身影，也有越来越多的人开始外出遛狗。

天暖之后，医院经常有被猫、狗等常见宠物咬伤的低龄儿童来医院救治。狗是单一发情动物，不反复发情，正常的母犬每年发情2次，多在每年春季3~4月和秋季9~10月各发情一次，一般小型狗性成熟较早（一般8~12月龄），有的早至6月龄，而大型狗性成熟较晚。相比母犬，公犬的发情期不固定，可以说每天都是，但碰到母狗发情期的时候，公狗的发情会比以往更加猛烈。

另外，家长一定要看管好孩子，告诉孩子不要随意逗弄宠物。

随着养宠物的家庭越来越多，儿童被宠物咬伤的事件也时有发生。一旦遇到此类事情，父母先不要慌乱，要记住“伤口尽早处理，狂犬疫苗48小时内注射有效”的急救原则。

万一不慎被猫、狗抓伤或咬伤后，应采取何种应急措施？

重要提示：

★不要随便包扎伤口

被宠物咬伤后，首先应立即挤出污血，用3%~5%的肥皂水反复冲洗伤口，然后用清水冲洗干净，冲洗伤口时间至少要20分钟，最后涂擦浓度75%的酒精或2%~5%的碘酒。只要没有伤及大血管，切记不要包扎伤口。

★接种狂犬病疫苗

在初步处理伤口之后，立刻到狂犬病免疫预防门诊接种狂犬病疫苗。狂犬疫苗分5针注射，第1针的最佳注射时间是被咬伤后的24小时内，之后的第3天、第7天、第14天和第28天再分别注射其余4针。在注射疫苗期间，应注意不要饮酒、喝浓茶、咖啡，也不要吃有刺激性的食物，如辣椒、葱、大蒜等；同时要避免受凉、剧烈运动或过度疲劳，防止感冒。

★隔离

将攻击人的宠物暂时单独隔离，并立即带到附近的动物医院诊断，同时向动物防疫部门报告。

（四）如何避免玩具伤人？

【案例回放】马上就要开学了，可7岁的玲玲（化名）被加压水枪击伤左眼，角膜水肿，视力受到影响。记者在多所小学门口的文具店发现，各式各样无任何警示标志的玩具枪仍在公开售卖，经警方鉴定，其中的不少“枪”威力惊人，属于应收缴的仿真枪范畴。

“以后再也不敢让伢玩水枪了。”家住武汉市武昌区的肖女士说道。前天，肖女士带着儿子明明（化名）到一家游泳馆解暑，她特意买了一把加压水枪给明明玩。当时明明和其他小朋友正在儿童游泳区一起打水仗，就在一群小孩玩得正高兴的时候，其中的一个小女孩玲玲突然哭了起来，一问才知道玲玲的左眼被明明的水枪击中了。

肖女士赶紧带着该女孩到爱尔眼科医院就诊。经过检查，玲玲左眼因为被水柱冲击而导致结膜充血发炎，并且角膜中央局部呈现水肿状态，视力已经受到影响，需5~20天才能完全恢复。

“当时我看女孩眼睛红红的，心里就疑惑，怎么水枪会有这么大的冲击力?”肖女士事后自己亲自试验了一回，她让儿子拿大号水枪在1米外射击自己手掌，果然有较强烈的疼痛感。肖女士再也不敢随意让儿子玩水枪了。

水枪真的有这么可怕吗?武汉市爱尔眼科医院小儿眼科戴鸿斌主任说，人的眼球本身有一层保护膜，但厚度只有0.0003～0.0006毫米，如果冲击力较强的加压水枪近距离射击到人的眼部，很容易造成局部损害，导致出现角膜破裂、球结膜破裂、视力下降或角膜上皮损伤等情况，严重者可致失明。若水枪中所装的水不干净，孩子没及时清理的话，也有可能会诱发角膜炎等眼部炎症。

重要提示：

★购买正规产品

首先，必须购买正规厂家生产的玩具产品，对于“三无”产品要拒绝购买和使用；其次，玩具产品都要求标明适合儿童使用的年龄范围。因此，家长朋友在选购玩具产品时要注意认真查看所有标识，选择适合孩子年龄的、正规厂家生产的玩具。

★适应对象

有锐利尖点和边缘的玩具应避免给8岁以下儿童玩耍；3岁以下儿童应避免有小零件的玩具；避免使用体积过小的玩具，以免被吞食后塞住婴儿的喉咙，玩具规格应为长6厘米、宽3厘米以上。

★安全保证

（1）儿童玩具不能含有毒和危险的化学物质；

（2）不要购买一些有损儿童身心健康的玩具、含有“黄色”内容的玩具等。

（3）选购玩具时，应注意其是否易于消毒和洗涤。皮毛制的动物形象玩具，不易洗涤消毒，容易带菌，不卫生，不宜购买。

（4）对玩具的使用、检查、清洗工作不容忽视。例如，对于飞镖、弹弓、仿真手枪、激光枪等玩具一定要加强管理，防止儿童在使用过程中伤人。

（5）定期检查孩子的玩具，特别小心有尖锐的边缘和尖点的玩具及表面有破裂的玩具，要将破裂或分离的玩具及时修补起来。玩具内的电池要定期更换，以免电池内的化学物质影响孩子的健康等。

（五）校车超员怎么办？

【案例回放】“一辆9座面包车竟然塞了23个孩子和3个成年人。”和大多数家长一样，由于工作繁忙，不得已将接送孩子的任务托付给了负责孩子午饭的“小饭桌”，但对于这样的“小饭桌”兼职“黑校车”接送孩子，市民王先生表示非常担心。

确实，在忙碌的工作节奏下，“小饭桌”解决了许多家长的后顾之忧。但记者在走访中发现，很多拉载学生的“小饭桌”私家车，无证、超载、超速现象屡见不鲜，让人为孩子的安全着实捏了一把汗。

重要提示：

★超员拒坐

遇到校车超员，为保证儿童的生命安全，家长应该拒绝孩子乘坐，并向有关部门拨打举报电话。

★报警，依法处理

交通管理部门依据《校车安全管理条例》，扣留车辆直至违法状态消除，并依照道路交通安全法律法规的规定从重处罚。

（六）如何避免电梯夹伤？

【案例回放】据南京市市民杨先生反映，他带4岁的女儿到新街口一家商场购物，在乘坐电梯时，孩子的手指被电梯门与门框间的缝隙夹到，左手受伤，伤口达4厘米。据统计，该商场发生类似事件已经有14起，其中送往医院的有8起。

就此，某报记者走访了南京部分商场、写字楼，发现不少电梯存在电梯门与门框缝隙较大的情况，容易给孩子带来安全隐患。

在超市、商场等公共场所的自动扶梯上，儿童被夹伤的事故也屡屡发生，给孩子带来无法挽回的损失。因此，儿童乘坐电梯时必须有家长陪同。家长要有保护孩子的意识。

重要提示：

★家长护孩有方

（1）乘坐电梯时，当电梯门完全开启后，家长要一只手护着孩子，另一只手挡在电梯门框处，带领孩子进入电梯。出电梯时也可用同样的方法。进入电梯后，不要让孩子站在靠近电梯门的地方，以防电梯门关闭时夹伤孩子。

（2）乘坐自动扶梯时，不要让孩子贴边站立，而应该站立在中心线靠右一点的位置。可以让孩子站在前一层台阶上，家长站在后一层台阶处，随时叮嘱孩子不要在电梯口或者自动扶梯上玩耍。

★鞋子的穿着有讲究

材质过于柔软的鞋子不适合儿童，因为这样的鞋子容易变形，一旦遇外力会从脚上脱落，因此儿童穿着时易被电梯“齿牙”夹住。2~5岁的儿童乘坐电梯尤其要当心。

如果遇到电梯夹住孩子的鞋底，但还没有伤到孩子的脚时，家长应迅速脱下孩子的鞋子，将孩子抱起离开电梯，并马上请工作人员协助停下电梯。

（七）鱼刺卡喉怎么办？

【案例回放】2013年12月19日8时许，记者在某市儿童医院见到了王女士及其外孙女豆豆（化名），此时的豆豆已经脱离危险。王女士告诉记者，7时许，自己带着豆豆在友谊宫餐厅吃早餐，一不留神，豆豆自己抓了一块鱼塞进了嘴里，被鱼刺卡住了嗓子。当时孩子呼吸困难，脸色发紫，王女士赶紧带孩子前往医院。

随后，记者从儿童医院的接诊医生那里了解到，患儿到医院时呼吸困难，经查，患儿左下侧扁桃体位置有一根约一寸长的鱼刺，鱼刺周围有红肿并伴有出血点，他们用工具将鱼刺取出后，患儿脱离危险。医生告诉记者，由于婴幼儿的咽喉内黏膜较薄，如果鱼刺停留时间过长，会引起局部水肿和脓肿，容易压迫呼吸道引起窒息。

重要提示：

★家长有责，方法诸多

（1）当孩子被鱼刺卡喉时，要使孩子稳定情绪，不能让其哭闹。

（2）立即用汤匙或牙刷柄压住孩子舌头的前部，借用手电亮光仔细察看舌根部、扁桃体、咽后壁等部位，找到卡住的鱼刺。再观察鱼刺大小、卡的位置是深还是浅。

如果鱼刺比较小、扎入比较浅的话，可以让孩子做呕吐、咳嗽的动作，或者用力做几次“哈、哈”的发音动作（注意咳吐时不要咽口水），利用气管冲出来的气流将鱼刺带出。

（3）如未奏效，较大的孩子可在嘴里咀嚼几块高粱饴糖，等到糖有黏性的时候，再轻轻吞咽下去，利用饴糖的黏性将鱼刺粘住吞下。也可用少量的醋缓慢咽下。

（4）如果还是无效，就让孩子张大嘴巴，用手电筒向里照着，将孩子舌头压住，让孩子一直不停地发“啊”的音。如果看见鱼刺在扁桃体上或舌根表面，可用镊子或筷子夹住拔出，千万不要在咽喉部乱掏乱捣。

（5）如果鱼刺粗、长，或鲠的部位靠下且更深，就要及时去医院诊治。

★家庭救治误区

有些家长让孩子立即猛吞几口饭或馒头，试图把鱼刺吞下去，可结果往往事与愿违。因为咽喉与水管不同，它是柔软的肌性管道。本来鱼刺扎在喉咙的表浅黏膜上，强力吞咽饭团或馒头，颇大的压力就会使鱼刺扎得更深，并引起局部黏膜肿胀、出血或合并感染。所以当孩子鱼刺鲠喉的时候，千万不可鲁莽。

（八）烧伤、烫伤怎么办？

【案例回放】躺在床上的小女孩名叫小思思（化名），身体上裹满了纱布，因为疼痛，孩子的腿一直在不停地颤抖。妈妈稍微离开一会儿，小思思就会不自觉地发出呜咽声，直到妈妈过来，捏住她的小手，小思思才安静下来。

小思思今年才2岁多。2014年3月17日晚上6点多钟，小思思的奶奶给小思思洗完澡，又给在外做了一天农活的小思思的爸爸烧好了半锅洗澡水，正打算做晚饭的时候，意外发生了。小思思的奶奶李凤安说：“我就听见锅盖子一响，我转过去一看，孩子就这样坐在锅里了。”奶奶赶紧跑过来，把小思思从开水锅里抱了出来。老人用凉水给孩子冲了一下，就开始脱孩子身上的衣服。正巧小思思的爸爸也从外面回来了，看到这一幕，孩子爸爸赶紧冲上来帮忙。小思思的奶奶李凤安说：“我就开始脱衣服，一脱，皮就连着掉了下来。”当时小思思已经出现休克症状，家人马上将她送进了医院。

荆州市第三人民医院烧伤外科医生说：“3 月 17 日晚上 9 点多钟，小孩子被送到我们医院，她来的时候没有穿衣服，身上的皮几乎全掉了，主要是背上、大腿、小腿的皮肤，来的时候小孩子嘴巴发乌，四肢冰凉，已经出现休克症状。”经过抢救，小思思算是挺过了治疗的第一关。由于孩子才 2 岁 7 个月大，全身烫伤面积有接近一半，后续的治疗十分困难。荆州市第三人民医院烧伤外科医生说，接下来要进行手术，手术病程是 2～3 个月，顺利的话要做四次手术。

在我们居家生活中，烧、烫伤有时候是不可避免的，所以家长和大龄儿童一定要记住下面的处理方法，懂得保护自己，懂得照顾孩子。

重要提示：

★选择正确方法

遇见儿童被烧伤、烫伤时，应该依据烧、烫伤的不同程度，选择正确的方法，尽快处理。

★冷水冲洗伤口

如果只是稍有红肿的轻度烫伤，可以用冷水冲洗伤口，以减轻疼痛和损伤。然后再涂一些烫伤药膏就可以了。冷水不能低于 5℃，否则就不仅仅是被烫伤，还有被冻伤的危险了。

★涂擦酒精

如果烫伤部位起了小水泡，千万不要轻易弄破它，以减少创面受污染的机会，可以用干净的纱布包裹保护创面。

★及时剪掉衣物

如果烧烫伤面积较大时，应尽快脱去衣裤、鞋袜，但不能强行撕脱，否则会使表皮随同衣裤、鞋袜一起脱落。可用剪刀等工具剪掉衣裤、鞋袜。

★烫伤严重，医院治疗

如果烫伤较严重，脱去衣服时，表皮已被烫掉，那就不要再用水冲洗了，因为这样会导致感染；也不要把冰块直接放在伤口上降温，以免皮肤组织冻伤。可用庆大霉素加生理盐水擦拭患处，用纱布严密包裹后，立即送医院进行治疗。

（九）自行车“咬”脚怎么办？

【案例回放】2014年1月21日晚上7点多钟，40岁左右的陈先生骑自行车载女儿珍珍（化名）回家。年仅8岁的珍珍坐在自行车的横梁上，当行至不平的路面时，珍珍的脚晃来晃去。突然，左脚卡在自行车的前轮钢圈里，车子失去重心，父女俩连人带车摔倒在地上。

更严重的是，珍珍的脚取不出来了。珍珍哭着跪在地上，身上到处都是血迹，左脚往一侧拐了过去，脚踝处卡在严重变形的自行车车轮钢圈处，如不及时处理，脚的伤情会加重，甚至将来会影响孩子走路。此时，陈先生躺在地上，似乎被吓呆了。

有市民报了警，119消防员赶到现场时，陈先生这才坐了起来，消防员立即用液压工具对钢圈进行扩剪，10多分钟后，珍珍的脚被成功取出。消防员将珍珍送上120救护车。父女同骑一辆车确实很温馨，但是，在骑行时一定要多多提醒搭车的孩子注意脚不能随意晃动。

重要提示：

★家长有方

(1) 遇到这种情况，家长千万不要惊慌或责骂孩子，更不能强行拽拉孩子的脚，避免给孩子造成更大的伤害。

(2) 首先要想办法将孩子被“咬住”的脚从车轮中解救出来。可以充分利用车轮能转动的惯性特点，也可以剪断车条，顺势慢慢地将孩子的脚抽出来。

(3) 孩子受伤后，不能随意地抹一点药水了事。

(4) 如果有水肿现象，应用冰块给孩子冷敷，再及时到医院检查，看骨头或韧带是否受伤，听从医生处置安排，防止给孩子的终身埋下健康隐患。

★如果情况严重，可直接拨打电话 119 和 120 求助，在原地等待救援

（十）误食药品怎么办？

【案例回放】“快快快，孩子不小心吃了 30 多片成人降压药……”1 岁零 10 个月的浩浩（化名）被紧急送到某市儿童医院的急诊科，心急如焚的父母催着医生赶紧救治。

“药物摄入量太大了，两名护士给浩浩洗了一个多小时的胃，手都起泡了。”急诊科主任告诉记者，儿童误服降压药后，可直接导致血压下降，心跳减慢，后果不堪设想。幸好药物摄入时间不长，抢救及时，浩浩最终脱离了危险。

1 ~6 岁的孩子对未知的世界充满好奇，喜欢用口尝试物品，并对成人行为进行模仿。家长一旦看管不力，就可能发生误服或偷服药物现象。

在儿童急性中毒案例中，药物中毒占首位。仅 2014 年 1 月至3月，某市儿童医院急诊救治误服药物的已达到51例。有关人士分析，导致误服药物的原因一般有三个：一是家长对药物保管不严，孩子自己随便拿药吃，导致儿童误服；二是粗心的家长给孩子喂错剂量，甚至按成人剂量喂给孩子，导致药物过量；三是在忙乱中拿错了药。

一旦发现儿童误食药品，家长应该首先了解孩子误吃了什么药，从药品的副作用判断药品对孩子的伤害程度，从而做出正确的急救处理。某些药品的副作用（或毒性）较小，如维生素之类，即使是吃错了或多吃了一两片，问题一般也不大。而有的药物则副作用及毒性都较大，而且有一定的剂量限制。例如，安眠药及某些解痉药，阿托品、颠茄合剂以及退热镇痛药品等吃多了会使孩子陷入昏睡、心跳剧烈加快（或减慢），甚至导致休克，造成生命危险。另外，一般外用药品大多具有毒性及腐蚀性，如果误食应迅速处理。

重要提示：

★家长有方

如果服药的时间不长，在4～6小时之内，家长可以在家里立即采用催吐方法，使孩子把存留在胃内尚未消化吸收的药物吐出来。

具体方法是：

（1）家长用一根筷子或者手指（注意手指洗净，并务必剪掉指甲以防划伤）。

（2）轻轻触碰小儿的嗓子后部（咽后壁处），小儿会感到恶心而引起呕吐。

（3）为了更好地催吐，可以让小儿喝一些清水，反复催吐几次，这样可以尽量减少药物的吸收，避免药物中毒。

（4）但是如果小儿服入的药量过大、时间过长，特别是当小儿已经出现中毒症状时，家长必须立即将其送到医院抢救治疗。

★其他小窍门

（1）如果儿童误把碘酒当作咳嗽药水喝下去，应赶紧给孩子喝米汤、面糊等淀粉类流质，以阻止人体对碘的吸收。

（2）如果误服了脚癣药水、止痒药水、驱蚊药水，应立即让小孩尽量多喝浓茶水，因茶叶中含有鞣酸，具有沉淀及解毒作用。

★提醒家长

如果发现孩子已经吃错了药，家长不要惊慌失措，更不要打骂和恐吓；否则孩子光哭闹，不但说不清吃了什么药品，还会拖延时间，使药物尽快吸收，增加急救的麻烦。家长应采取安慰的态度，耐心地询问情况，以便对症处理。

（十一）运动受伤怎么办？

【案例回放】暑假里，摆脱了学校“束缚”的孩子们终于可以疯玩一场。然而，他们的安全也成了不少家长头疼的事情。记者在临沂市骨科医院了解到，进入7月份以来，因各种运动性受伤到医院治疗的青少年有所增加，而其中因玩轮滑、滑板、蹦蹦床等意外骨折的占了不小的比例。

2012年7月31日上午，在市区骨科医院3楼的小儿骨科病房内，年仅10岁的明明（化名）正躺在病床上，右腿从脚踝到膝盖处缠满了绷带。看到护士过来，他的眼泪在眼圈里直打转。值班护士见状赶忙安慰：“不动就不疼，别哭。”

“一个月前就住进来了，滑轮滑摔伤了膝盖。”值班护士告诉记者，7月初明明因玩轮滑时摔伤了右腿膝盖，好在骨折并不严重，术后恢复得也比较好。

此时明明的父亲正巧买饭回来，他说："孩子去年学过一段时间轮滑，今年放假也没报什么辅导班，他喜欢就让他自己在家里玩了。谁知道刚放假没几天就发生了这样的事情，这个暑假基本要在医院里度过了。"明明的爸爸显得有些无奈。

环顾整个楼层，多数病房的床位已经"满员"了，走廊里也有临时加的病床。孩子的受伤部位多在四肢，有的肘部绑上了绷带，有的则整条腿都打上了石膏。

骨科大夫告诉记者，进入暑假以来，因各种碰伤、骨折来住院的孩子增加了近20%。据粗略估计，7月份收治了近百名受伤的青少年，多以骨外伤为主。

儿童体育锻炼要避开哪些项目？

1. 拔河。拔河需屏气用力，静脉血流也会突然涌向心房，损伤孩子的心房壁。除了对心脏造成影响外，拔河还可能伤到孩子的筋骨。

2. 掰手腕。掰手腕不适合孩子过早参与。儿童四肢各关节的关节囊比较松弛，坚固性较差，掰手腕容易发生扭伤。

3. 蹲跳。实际上，在做蹲跳运动时，人体所承受的力量相当大，这样很容易造成韧带和膝关节半月板的损伤。

4. 倒立。倒立容易影响孩子眼睛发育。尽管儿童的眼压调节功能较强，但如果经常进行倒立或每次倒立时间过长，会损害眼睛对眼压的调节。

5. 碰碰车。少年儿童的肌肉、韧带、骨质和结缔组织等均未发育成熟，非常脆弱，受到强烈震动时容易造成扭伤和碰伤。

6. 滑板车。长期玩滑板车，会出现腿部肌肉过分发达，影响身体的全面发展，甚至影响身高发育。此外，玩滑板车时腰部、膝盖、脚踝需要用力支撑身体，这些部位非常容易受伤，所以一定要做好防护，最好有父母陪护，并且找平坦宽敞的非交通区域玩耍。

重要提示：

★儿童运动受伤后的急救步骤

（1）第一步：大致判断一下孩子发生的是何种损伤；

（2）第二步：明确急救方法，判断有何条件进行急救；

（3）第三步：想尽一切办法进行急救，尤其要保证孩子的生命，并保证不再加重损伤；

（4）第四步：现场急救后立即送往医院进一步治疗。

★不同的损伤，应急方法不同

由于损伤种类和严重程度不同，所采取的应急对策也不相同，但是有些方法大相径庭，处理不当可能会造成严重后果。因此，能否正确处理不同的损伤就显得至关重要了。

常见的儿童运动受伤有以下几种，可以按照伤情采取正确的急救方法：

（1）擦伤。如果是一般的擦伤，简单用生理盐水洗净，注意保护就行了。要是伤处有血或浆液渗出，要注意不要搽抹油膏，应保持干燥、暴露。

（2）关节韧带扭伤。对此的主要建议是休息及冷敷。

受伤后应先用冰块或凉水进行“冷处理”，使血管收缩，减少皮下出血和渗出，从而减轻肿胀；同时也可用绷带包扎压迫扭伤部位，不仅有助于保护和固定受伤关节，也可帮助减轻肿胀。另外，在家里的冰箱中不妨预备些冰块，既可以对付停电，也可以应急使用。

待受伤情况较稳定后（肿胀不再进一步发展），再进行热敷或外用活血化瘀药物。抬高患肢可促进血液回流，有利于肿胀的消失。

受伤关节应避免活动，可用护踝、护膝、护腕等加以保护。

（3）如果肘关节脱位，应尽早送孩子到医院诊治。

★骨折

对此的建议是先固定，再送医院进一步治疗。

这里介绍几种常见的骨折固定方法：

（1）肘关节以上的上臂骨折。固定用的夹板长度应从肩头到肘关节，包扎后再把上臂固定在胸前。如果一时找不到固定材料，也可把上臂用皮带或布带与前胸捆在一起，并将伤肢这一侧的衣襟剪一个小洞，把衣襟向上反折，兜住伤臂后，扣在第一颗或第二颗纽扣上固定。

（2）大腿骨折。可用一块相当于从足跟到腋下长度的夹板放在伤肢外侧，膝盖后稍垫衣服，再用布带将伤肢和夹板一起捆住。布带等固定材料可就地取材，木板、树枝、竹竿、木棍、纸板、雨伞、腰带、衣服等均可。如果实在没有适当的材料，也可将两腿捆在一起，利用未伤的腿来固定伤腿。

（3）小腿骨折。固定方法与大腿类似，只不过夹板的长度只需从膝关节以上到足部即可。需要注意的是，对于腿部发生骨折的孩子，如果您只能自行将其送往医院，则应先设法将患肢固定，以免在运送过程中由于断骨的活动使伤势加重。

（4）脊椎骨折。当孩子可能有颈椎、胸椎骨折时，不要试图自行搬动其身体，若一个人将孩子抱起移动，可能会使断骨损伤脊髓。搬动时应由 3 ~4 人共同轻轻托起伤者，保持其脊柱呈水平位，轻放于硬板担架或床板上。旁人应立即拨打 120 急救电话。在等待救护人员到来的过程中，如果发现孩子受伤严重，昏迷不醒或休克时，要立即进行人工呼吸，以保证孩子的生命安全。

（5）有开放性骨折（断骨刺穿了皮肤）且伤口血流不止时，可用干净的布压迫伤口止血，但不要将突出伤口外的断骨塞回伤口内，以免感染。

在固定过程中应注意，如果固定完以后发现肢端苍白、青紫、肢体发凉、麻木或疼痛时，说明血液循环不良，很可能是包扎过紧所致。应适当放松或重新固定，否则肢体可能因严重缺血而不得不截掉。

另外，儿童的骨骼韧性较大，有时候从外观上可能看不出什么异常。如果孩子感到受伤部位疼痛，而从外观难以确定是否骨折时，应立即到医院确诊，以免延误治疗。

（十二）如何安全用电？

【案例回放】10 岁的威威（化名）在钻过横拉在绿化带中的铁丝时被电击倒，再也没能醒来。这不幸的一幕就发生在新郑市新华街上。

带电的铁丝是园林部门为了阻拦踩踏花坛的路人而设置的，事发时，铁丝的一端就捆在绿化带内的路灯杆上，而路灯杆下方则是裸露的电线。究竟谁该为孩子的死负责，威威的父母始终等不来答案。警方表示，此事不属刑事案件，无法立案，建议家属通过司法渠道解决。

关于孩子触电的事故还有许多。例如，有的孩子雨后在路灯下被电到；有的孩子靠在马路边的栏杆上被电到；有的宝宝把电热毯尿湿了被电到；有的孩子被照明电电到了；有孩子被电蚊拍电到了，等等。我们家长和孩子是不是应该学习一些用电的安全知识呢？

重要提示：

★远离电源

儿童应该记住，平时自己要远离带电物体。一旦发现儿童触电，家长应先断电源再救援。

★在平时的生活中，家长应该教育儿童

（1）不使用不熟悉的电器，不要因好奇酿成大祸。

（2）不要用湿手去开灯、关灯或触摸其他电源开关。

（3）不能用手指、小刀、笔等去捅电源插座孔。

（4）不爬电线杆，不在有电线的地方放风筝，远离户外的变压器、电线杆，等等。

（5）所有的家用电器，如电熨斗、搅拌器、吹风机等，用后立即断电，并放回安全的地方。

★对于触电的救护方法，也应该有所了解

（1）如果遇到有人触电，一定先不要慌，虽然此刻时间是最重要的，但是我们要保持冷静，否则不但救不了别人，还会让自己同样被“电老虎”所伤。首先切断电源、关闭开关或用干燥的木棍、干布等不导电物挑开电线、电器，还可用带木柄的小刀、斧头或有绝缘柄的钢丝钳砍（切）断电线，千万不可用手或潮湿的物体直接推拉触电者，千万不要用剪刀去剪断电线，那样做自己也会触电。

（2）对呼吸、心跳停止者，需要立即进行口对口人工呼吸，一定不要轻易放弃抢救。

（3）当患者恢复心跳、呼吸后，立即送往医院进一步救治，途中要随时注意观察，并且要保持伤口的清洁。当然，最好还是用救护车送往医院。

（4）在保持冷静的前提下，抢救一定要及时，触电时间越长，对触电者的危害越大。

（十三）遇见拐骗怎么办？

【案例回放】2014 年 3 月 12 日上午，中华路派出所接到市民刘先生报警，称自己读小学的儿子小虎（化名）3 月 10 日离家后，失踪已3天了，至今未归。

刘先生说，儿子小虎今年12岁，在城区一所私立小学上6年级，小虎平时很淘气，喜欢玩电子游戏，身上有点零花钱，都花在网吧里了。他和妻子平时忙于打工，疏于对小虎的照顾。3月10日，小虎背着书包去上学，到晚上都没回来，他和妻子觉得不对劲，到处寻找，几乎跑遍了城区，找了两天，没有一点消息。接到报警后，中华路派出所民警立即展开调查。民警找到经常和小虎一起玩的同学小强（化名），小强提供了一条重要线索，两天前他曾和小虎到一家网吧玩耍，后来有一个40多岁的“叔叔”说给小虎买吃的东西，把小虎带走了。

根据小强提供的线索，警方找到小虎去的那家网吧，证实了小强所述。网吧管理员告诉民警，几天前，的确有一个10来岁的男孩背着书包来这里上网，因为看到他是未成年人，网吧就没有给他开卡，男孩也不走，就坐在网吧一侧VIP卡座的沙发上，看别人上网。小虎的父母通过网吧的视频监控辨认出，那个男孩就是自己的儿子。而且最新的监控内容显示，有一个陌生中年男子进入网吧，和小虎搭讪后，带着小虎离开了网吧。

这个中年男子究竟是谁？小虎为什么会跟着他走？一连串的疑问，摆在民警面前，亟待破解。

3月12日下午，民警根据线索，在老城一家网吧找到了小虎。刘先生和妻子得到消息，又惊又喜，连忙跑到网吧相见。没想到失踪多日的小虎看到父母，表情却十分冷淡，这让刘先生和妻子感到郁闷。“没人逼我，是我自己主动离家出走的。”在民警面前，小虎说出一番令人大吃一惊的话。原来，小虎因为平时沉湎于网络，学习成绩每况愈下，为此没少被刘先生和妻子责备，一气之下决定离家出走。他来到老城一家网吧，网管见他年龄太小，不让他上网，小虎就坐在沙发上看别人玩游戏。不一会儿，有一名40多岁的中年男子走进网吧，坐在小虎面前，问他饿不饿，是不是想上网玩游戏？小虎看他“和蔼可亲”，就点点头。男子抚摸了一下小虎的头，说：“走，我带你到另一家网吧上网。”小虎想都没想，站起来就跟着他走了。

民警问小虎接下来两天发生的事情，奇怪的是，小虎却撅着嘴，不肯说，仿佛藏着天大的秘密。为了弄清真相，民警查找到那名带小虎离开的中年男子的电话号码，假装孩子的父母给他打电话，说要当面感谢他。那个男子赶到后，民警立即将其控制，带回调查。这一审，出人意料：这名中年男子之所以对小虎这么好，带有不可告人的目的。

据了解，男子姓袁，今年48岁，曾经因为猥亵男童，被汇川区警方处理过。袁某对相貌清秀的小男孩特别有兴趣，他经常到网吧，只要看到那些因为玩游戏而逃课的小男孩，就故意过去搭讪，施以小恩小惠，让对方感觉自己是一个可以信赖的叔叔，然后把孩子带出网吧进行猥亵。据办案民警介绍，事发当天，袁某在网吧发现独自坐在沙发上看别人玩游戏的小虎，于是，袁某坐到小虎旁边，故意与他套近乎。对于袁某的嘘寒问暖，涉世不深的小虎不但没有防备，反而备受感动。小虎事后告诉民警，父母每天忙于外出打工挣钱，平时很少和他谈心，自己做错事，就会遭到责备，所以对于这个“怪叔叔”的亲昵举动，他非但没有觉得唐突，还感到很温暖，于是就心甘情愿地跟着他走了。

警方了解到，袁某将小虎带到另一家网吧，用自己的身份证开了张卡，然后“慷慨”地交给小虎使用。小虎在上网过程中，袁某坐在旁边，手脚不老实，在小虎身上“抚摸”，还不时亲吻他的脸颊。当民警问袁某是否最终对小虎实施了性侵时，他赌咒发誓，称自己除了亲吻和“动手动脚”外，并没有对小虎身体造成任何伤害，而警方从受害者那里也得到了证实。袁某说，他在“抚摸”过程中，因为看到孩子太小，最终丧失了

“性趣”。不过，他并没有打算让小虎回家，他想让孩子认自己当干爹，把他抚养长大。令人匪夷所思的是，对于袁某的提议，小虎竟然没有反对。就这样，袁某供小虎白天吃饭和上网，到了晚上，小虎就睡在网吧的沙发上。据袁某交代，他曾经考虑过把孩子带回家住宿，但因为家人都知道他有不良癖好，不允许他带陌生人到家中，所以他只好把小虎安排在网吧休息。

办案民警告诉记者，虽说袁某自动终止了猥亵男童的犯罪行为，但并不能逍遥法外。按照法律规定，袁某的行为已经触犯了我国《刑法》的拐骗儿童罪。

据中华路派出所副所长解释，拐骗儿童罪指以欺骗、引诱或者其他方法，使不满 14 周岁的男女儿童脱离家庭或者监护人的行为。

拐骗的手段多种多样。例如，给儿童爱吃的食物、喜爱的玩具、好看的衣服以及带去玩耍等，骗取儿童的好感后再将其拐走。这样的人也许在主观上并不想残害儿童，但是，他们这种极端损人利己的行为，给儿童的父母和其他亲人造成极大的精神伤害，也给群众的正常生活秩序带来威胁。因此，对于拐骗儿童的犯罪行为，不论其动机、目的如何，都不应忽视其社会危害性，必须给以应得的惩罚。昨天，袁某被警方刑事拘留。办案民警告诉记者：“在与小虎的交谈中，能够感觉他的情绪很抵触，尤其是对父母怨气很大。”相反，对于犯罪嫌疑人袁某，小虎似乎表现得更亲密一点，也许是因为袁某对他“无微不至”的关心和照顾。其实袁某的这种“关心”，只是一个假象。据警方透露，他们在调查中，曾经接到别人举报，袁某以前有唆使、操纵未成年人盗抢的劣迹，因此不排除袁某对小虎施以“小恩小惠”，就是为了让小虎将来听自己的话，成为他犯罪的一块“挡箭牌”。在将孩子交还父母时，警方还与小虎的父母进行了一次深刻的谈话，希望他们能够在繁忙的工作之余，多抽出时间与孩子交朋友，关心孩子的内心世界，呵护孩子健康成长。同时，警方希望这样的“失踪”事件不要重演。

重要提示：

★不跟陌生人走，及时报警

家长应该教育孩子对待陌生人的态度：“你可以跟陌生人说话，可以向陌生人求助，但是不能跟陌生人走。即使是自己认识的爸爸妈妈的朋友，也必须得到爸爸妈妈亲口允许后，才可以跟他走。”还应该在日常生活中教会孩子说清父母、祖父母、外祖父母和自己的姓名、家庭住址、父母单位或家庭电话号码，并教会儿童打电话。碰到紧急的事可以打110报警救助。

★家长引导

家长应该训练并告诫孩子，如果发现有人对你做出了什么可疑的行为，应该马上做出以下举动：

（1）可以掌心朝着坏人，做出“停下来”的姿势；可以马上后退，保持一定的距离。

（2）竭尽全力大声叫喊：“别过来！走开！你不是我爸爸！”这时候，大声叫喊是最好的武器。

（3）立即全速跑开。

（4）遇到坏人已经抓住自己，要一边大叫，一边用力踢打坏人、拼命挣脱，同时试图唤起周围人们的注意。

★被拐后，自救方法

（1）如果已经被拐骗，千万不要慌乱，首先要不动声色地看清陌生人的样子，记住他的特征。

（2）看一看自己被拐骗的地方，找一些有明显特点的标志，如路过的房屋招牌、周围的景物等。

（3）想方设法传递信息，如寻找机会打110，写小纸条（自己的名字、父母的电话号码等)。

（4）最重要的是要寻找一切机会随时逃离。

★牢记特征，协同破案

万一发生了孩子被拐骗事件，家长一定要在第一时间报警，向警察提供走失儿童的各项详细资料，如姓名、年龄、性别、衣着、肤色、身高、口音及特点等，与警察约好见面地点后，就应留在该处等待，并协同警察寻找。

参考资料

［1］新加坡民防部队公共事务处．民防紧急应对手册［EB/OL］．新加坡：2012. http：//www. scdf. gov. sg.

［2］本书编写组．公民防范恐怖袭击手册［M］．北京：中国人民公安大学出版社，2014.

［3］翟泉松．公民安全防范必读［M］．河北：花山文艺出版社，2010.

［4］何剑．生命“常青树”［M］．北京：中国人民公安大学出版社，2010.

［5］田爱丽．天使“保护伞”［M］．北京：中国人民公安大学出版社，2010.